REGENSBURGER TASCHENBÜCHER

Die Deutsche Bibliothek – CIP-Einheitsaufnahme

Steinerne Brücke: mit Regensburger und Amberger Salzstadel
und einem Ausflug zur Historischen Wurstküche/
Helmut-Eberhard Paulus. Fotos von Horst Hanske und Wilkin Spitta. –
Regensburg: Mittelbayer. Dr.- und Verl.-Ges., 1993
(Regensburger Taschenbücher; 2)
ISBN 3-927529-61-3
NE: Paulus, Helmut-Eberhard; Hanske, Horst; GT

REGENSBURGER TASCHENBÜCHER Bd. 2

Helmut-Eberhard Paulus
Steinerne Brücke mit Regensburger und Amberger Salzstadel
und einem Ausflug zur Historischen Wurstküche

Fotos von Horst Hanske und Wilkin Spitta. Modellfoto: Klaus Daniel
Repro der historischen Abbildungen: Dieter Nübler

Gesamtherstellung: MZ-DRUCK Regensburg

ISSN 0943-7037
ISBN 3-927529-61-3

Vorwort

„Achtes Weltwunder" wurde sie im Mittelalter genannt. Hans Sachs schrieb in einem Gedicht: „Der Brück gleicht keine in Deutschland", und ein gelehrter Reiseschriftsteller meinte später: „Insgesamt sagt man von den drei vornehmsten Brücken Deutschlands, die von Dresden sei die schönste, die Prager die längste und die Regensburger die stärkste."
Die Steinerne Brücke in Regensburg, deren Bau 1135 begonnen und nach elf Jahren 1146 vollendet wurde, ist heute die älteste erhaltene Brücke in Deutschland. Zu den vergleichbaren Brückenbauwerken in Dresden und Prag nimmt sie eine Sonderstellung ein. Die Dresdner Brücke wurde zwar bereits 1119 begonnen, aber nach einer Bauzeit von hundert Jahren erst 1220 vollendet. Die Prager Judithbrücke, die Vorläuferin der im 14. Jahrhundert errichteten Karlsbrücke, war ein Jahrzehnt nach der Regensburger Steinernen Brücke erbaut worden.
Von ihrer Fertigstellung im Jahr 1146 bis zu der weiter stromabwärts liegenden neuen Nibelungen-Brücke, die in den Jahren 1935/36 gebaut wurde, war die Steinerne knapp 800 Jahre lang die einzige Brücke, die in Regensburg beide Donauarme überspannte – ein Meisterwerk mittelalterlicher Ingenieurbaukunst und ein Wahrzeichen der Stadt.
Um ihre Entstehung ranken sich manche Sagen und Geschichten. Am bekanntesten ist die von der Wette zwischen dem Dombaumeister und dem Brückenbaumeister, wer mit seinem Bau früher fertig würde. Der Legende nach gewann der Brückenbaumeister mit Hilfe des Teufels: der erste, der über die neue Brücke gehen würde, sollte dem Satan gehören. Doch dem Brückenbaumeister gelang es, sogar den Teufel zu überlisten, indem er kurz vor der Einweihung zwei Hähne und einen Hund über die Brücke jagte, mit denen sich der Teufel begnügen mußte.
Auch die Figur des Brückenmännchens, dessen Funktion heute noch immer nicht ganz geklärt ist, hat die Phantasie der Menschen angeregt. Zeigte es den Weg zu einer mittelalterlichen Badestube, stellt es den Ritt auf der „Schlimmen Liesel", einem mittelalterlichen Folterinstrument dar oder blickt es, wie die Sage berichtet, spöttisch zum Dom hinauf, um an den Wettkampf zwischen Dom- und Brückenbaumeister zu erinnern?
Nicht zuletzt nimmt auch das bekannte Lied „Als wir jüngst in Regensburg waren" zumindest indirekt auf die Brücke Bezug, indem es von den gefährlichen Donaustrudeln erzählt, aus denen die gewaltigen Pfeiler der Steinernen Brücke herausragen.
An dem zur Altstadt gelegenen Südufer der einst 336 Meter langen Brücke befindet sich heute der Amberger und der Regensburger Salzstadel, durch die im Jahr 1551, bzw. 1620 das erste Joch mitsamt dem ersten Pfeiler überbaut wurde. Beide Gebäude sind seit 1992 saniert und einer allgemeinen Nutzung zugeführt – der Regensburger Salzstadel als städtischer Konferenz- und Ta-

gungsraum mit Restaurant und Cafe, der Amberger Salzstadel als Studentenwohnheim.

Eng verbunden mit der Geschichte der Steinernen Brücke ist aber auch die Historische Wurstküche, die als Anbau der mittelalterlichen Stadtmauer entstanden ist und angeblich schon den beim Bau der Steinernen Brücke beschäftigten Maurern als Kantine gedient haben soll. Nachweislich existiert die Historische Wurstküche in ihrer heutigen Form seit mindestens 1820.

Die Steinerne Brücke, die Jahrhunderte überstanden hatte, die zahlreichen Feldzügen, Verwüstungen und Naturgewalten getrotzt hatte, wurde am 23. April 1945 gesprengt. Als US-Kampfverbände die Donau östlich der Stadt bereits überschritten hatten und der Ring um Regensburg sich zu schließen begann, glaubten die NS-Machthaber, durch Sprengung der Donaubrücken den Vormarsch der Amerikaner aufhalten zu können. 22 Jahre mußten vergehen, bis die vier gesprengten Joche wiederaufgebaut werden konnten. Erst seit 1967 zeigt sich die Brücke wieder im Vorkriegszustand.

Im Juli 1985 feierte Regensburg das 850jährige Jubiläum der Steinernen Brücke. Zu diesem Anlaß erschien eine Beilage der Mittelbayerischen Zeitung. Autor war u. a. auch Dr. Helmut-Eberhard Paulus, Leiter der Denkmalschutzbehörde der Stadt Regensburg. Schon damals hatte der Verleger Karl Heinz Esser, dem an dieser Stelle für sein verlegerisches Engagement gedankt sei, daran gedacht, ein eigenes kleines Buch über die Steinerne Brücke herauszubringen. Die neugeschaffene Reihe der REGENSBURGER TASCHENBÜCHER eröffnete jetzt die Möglichkeit, das Brücken-Büchlein in einer populären, aber auch wissenschaftlichen Ansprüchen genügenden Form erscheinen zu lassen. Das Manuskript von Dr. Helmut-Eberhard Paulus, das auf seinen Beitrag in der Mittelbayerischen Zeitung zurückging, wurde jetzt gründlich überarbeitet und damit auf den wissenschaftlich neuesten Stand gebracht. Die Fotos stammen von den beiden Regensburger Brücken-Spezialisten Horst Hanske und Wilkin Spitta.

Wie aktuell die Steinerne Brücke und wie sehr sie die Gemüter der Regensburger nach wie vor bewegt, zeigt die neueste Entwicklung: Im Rahmen der vom Stadtrat und von der Stadtverwaltung geführten Überlegungen hinsichtlich einer eventuellen Sperrung der Steinernen Brücke für den Auto-Durchgangsverkehr, verfiel man auf die vorläufig salomonische, aber dennoch heiß diskutierte Lösung einer zeitlich auf das Wochenende begrenzten Sperrung. Eine gründliche Generalsanierung der Brücke steht bevor. Ob das mittelalterliche Bauwerk ähnlich der Karlsbrücke in Prag einmal ganz für den motorisierten Verkehr gesperrt werden kann, hängt bis zu einem gewissen Grad vom Bau einer Entlastungsbrücke ab. Nach wie vor ist die Steinerne Brücke heute wie einst im Mittelalter nicht nur eine berühmte Sehenswürdigkeit, sondern auch eine der wichtigsten Verkehrsadern der Stadt.

Konrad M. Färber

Die Steinerne Brücke von der Entstehung bis in die Gegenwart

Die Steinerne Brücke verbindet als sechzehnjochige Rundbogenbrücke über die Donau den ehemals reichsstädtischen Teil Regensburgs mit dem altbayerischen Stadtamhof. Sie überquert den südlichen und nördlichen Arm der Donau und überschneidet damit auch die beiden dazwischenliegenden Inseln des Oberen und Unteren Wöhrdes.

Allein schon die geographische Lage Regensburgs am nördlichsten Punkt der Donau legt einen Flußübergang an dieser Stelle nahe. Bereits Karl der Große ließ deshalb etwa 100 Meter stromabwärts der heutigen Brücke unmittelbar vor dem Nordtor des Römerlagers – der noch heute zum größten Teil erhaltenen PORTA PRAETORIA – eine hölzerne Schiffsbrücke über die Donau schlagen. Mag diese Brücke auch den damaligen Bedürfnissen genügt haben, so war sie doch immer wieder den Gefahren und Beschädigungen durch die alljährlichen Donauhochwasser ausgesetzt und schließlich den Anforderungen des zunehmenden Handelsverkehrs nicht mehr gewachsen. Wie lange die Schiffsbrücke Karls des Großen bestand, wissen wir nicht. Obwohl bis ins hohe Mittelalter hinein für den Verkehr mit den meist kleinen Fahrwerken auch Fähren ausreichend waren, so bot eine massive Brücke doch wesentliche Vorteile im Winter bei Treibeis und Eisstößen sowie im Frühjahr und Sommer bei den unberechenbaren Donau-Hochwassern.

Zu Beginn des 12. Jahrhunderts wagte man deshalb die Errichtung einer massiven Brücke, die mit der Überwindung der vom Strombett aufgeworfenen, nicht unbeträchtlichen baulichen Probleme zu einer Großtat der romanischen Bau- und Ingenieurkunst wurde. Als eine der größten technischen Bauaufgaben des Mittelalters erforderte die Steinerne Brücke sorgsame Vorplanungen. Schon die Wahl des Jahres 1135 für den Baubeginn deutet auf längerfristige Vorbereitungen hin. Sie ermöglichten es, etwa durch die vorsorgliche Bereitstellung des Baumaterials, den außerordentlich trockenen Sommer dieses Jahres für die unverzügliche Fundamentierung der Brückenpfeiler zu nutzen. Nach alten Überlieferungen war im Jahre 1135 der Sommer so heiß und trocken, daß „Wälder sich entzündeten und die Donau bis in die Tiefe seicht wurde". Man darf annehmen, daß die damals noch verbliebenen wenigen Wassermassen – etwa unter alternativer Ausnutzung der beiden von den Inseln gebildeten Strombette – so umgeleitet werden konnten, daß eine ungehinderte Fundamentierung, getrennt nach südlichem und nördlichem Teil der Brücke möglich war.
Der Beginn des Brückenbaues im Jahre 1135 ist durch eine Urkunde des benachbarten Stadtamhofer Klo-

sters St. Magn aus dem Jahre 1138 überliefert. Die Urkunde bezeichnet das Jahr ihrer Ausstellung als das dritte nach dem Beginn des Brükkenbaues („. . . anno millesimo centesimo tresimo octavo incarnati Salvatoris, qui est tertius inchoati pontis super Danubium"). Für den Chronisten des am nördlichen Brückenkopf gelegenen Klosters St. Magn war also der im Gange befindliche Brükkenbau ein solch außergewöhnliches Ereignis, daß er den Beginn der Arbeiten als Zeitangabe in seine Beurkundung aufnahm.

Der Bau der Brücke soll elf Jahre gedauert haben, wie uns Hans Sachs, wohl unter Verwendung älterer Überlieferungen, in einem Gedicht berichtet:

„Als man zehlet 1135 Jahr
Ward darüber baut
ein stark Brücken,
Elf ganzer Jahr mit Quaderstucken,
Mit vierzehn Schwiebbogen
und 14 Joch,
Mitten darauf ein Thurn hoch,
Dadurch die Donau
schnell hinschießt,
Auf Österreich und Ungarn fließt."

Wir können also davon ausgehen, daß die Steinerne Brücke in den Jahren 1135 bis 1146 errichtet wurde. Von der nach heutigen Vorstellungen

Ansicht in der Chronik von Hartmann Schedel, 1493

langen Bauzeit von elf Jahren müssen allerdings die Zeiten der Katastrophen und Kriege abgezogen werden, wenn man die Zeitspanne tatsächlicher Bautätigkeit ermitteln wollte.

Die Bauherrschaft an der Brücke ist zwischen dem bayerischen Herzog und dem Kaiser strittig. Zwar fällt der Baubeginn in die Regierungszeit des sehr agilen Welfenherzogs Heinrich X., genannt der Stolze. Aber auch nach dessen Absetzung 1138 muß der Bau unter dem Babenberger Herzog Leopold IV. (1139–1141) ungeschmälert fortgesetzt worden sein. Die politischen Wirren zur Zeit der Vollendung der Brücke – 1142 verwaltete König Konrad III. selbst das Herzogtum – deuten schließlich darauf hin, daß spätestens zu diesem Zeitpunkt der Kaiser bzw. der deutsche König sich selbst des Brückenbaues angenommen hatte. So konnte trotz der Umweltkatastrophen von 1144 und eines Krieges zwischen dem Bischof von Regensburg und dem Herzog Heinrich Jasomirgott (1143–1156) in den Jahren 1144/45 der Bau der Steinernen Brücke zum Abschluß gebracht werden.

Zweifellos hat auch die Finanzkraft der Regensburger Kaufleute die Errichtung der Brücke begünstigt, zogen sie doch wesentliche wirtschaftliche Vorteile aus dem einzigen festen Donauübergang des Mittelalters zwischen Ulm und Wien. Geographisch begünstigt gerade dieser Donauübergang die Handelswege zwischen dem südlich des Flusses gelegenen Regensburg und den osteuropäischen Handelszentren. Es dürfte daher auch kein Zufall sein, daß der Brückenbau zeitlich mit der Bedeutung Regensburgs als führende deutsche Handelsstadt im 12. Jahrhundert zusammenfiel.

Mit Recht wird auch vermutet, daß der Burggraf als Stellvertreter des deutschen Königs mit seinen beachtlichen Zolleinnahmen zum Brükkenbau beigetragen haben dürfte.

Die rechtliche Hoheit über die Brücke war zumindest ab dem späten 12. Jahrhundert dem König vorbehalten, wie die von Friedrich I. Barbarossa in einer Urkunde vom 26. September 1182 erlassenen Vorschriften aufzeigen. So bestimmte diese Urkunde die Freiheit des Brükkenzugangs und die Zollfreiheit der Brücke. Ferner wurde in dieser Urkunde auch der Brückenmeister erwähnt, ein Ehrenamt, das gewöhnlich einem der Regensburger Ratsherrn übertragen wurde. Dem Brückenmeister oblag die Aufsicht über die Brücke sowie über das Finanzwesen und die dort beschäftigten Zöllner. Der erste Brückenmeister war ein Mann mit Namen Herbord.

Die Steinerne Brücke erlangte schließlich eine gewisse rechtliche Selbständigkeit. So verfügt sie auch über ein eigenes Siegel, das die Umschrift „S. GLORIOSI PONTIS RATISBONE“ trug. Dieses Siegel aus der Zeit um 1300 enthält auch die älteste uns überlieferte Darstellung der dreitürmigen Brücke.

Zu den besonderen Rechten der Brücke gehörte der Betrieb einer eigenen Badestube, der sogenannten „Badestube vor Bruck“, die den stadtseitigen Brückenkopf östlich flankierte, bevor sie dem Regensburger Salzstadel weichen mußte.

Um die Brücke zu unterhalten, wurde

zu späterer Zeit doch die Erhebung von Steuern und Zöllen erforderlich. So gestatteten 1310 Kaiser Heinrich VII. und 1331 Kaiser Ludwig der Bayer der Reichsstadt zum Unterhalt der Brücke und der zuführenden Wege ein Ungeld auf Wein, Met, Tuch und Wollwaren zu erheben. 1366 verfaßte Brückenmeister Conrad der Engelmaier ein Verzeichnis der Zölle, Gefälle und Zinsen an der Brücke. Bis 1488 waren die Hochstifte und der Klerus zunächst vom Brückenzoll befreit. Seit 1514 wurde dann unabhängig von der Ladung für die Überquerung der Brücke von Wagen zwei Pfennige, von den zweirädrigen Karren ein schwarzer Pfennig verlangt.

Ursprünglich spannte sich die

Ansicht der Steinernen Brücke von Oberstrom gegen Osten, Stich von G. Bodenehr, um 1730

Brücke mit 16 Rundbögen auf 15 Pfeilern über die Donau. Seit 1515 bzw. 1620 ist das erste Joch durch den Amberger bzw. den Regensburger Salzstadel seitlich verbaut. Bis dahin stand das Brücktor frei auf dem ersten Brückenpfeiler und wurde stadtseitig von dem jetzt überbauten Schiffskanal umgriffen.

Wie die mehrfache Abweichung der Brückenachse von der Geraden erweist, boten die örtlichen Verhältnisse große Schwierigkeiten für die Pfeilerfundamentierung, nicht zuletzt weil diese individuell auf die jeweilige Strömungsrichtung in den beiden

Flußbetten ausgerichtet werden mußten. Darüber hinaus waren die Verhältnisse zumindest nach heutigen Vorstellungen nicht die günstigsten, weil das breite südliche Strombett der Donau, die langgezogenen Inseln des Oberen und Unteren Wöhrdes und der nördliche Donauarm eine Brücke von ungewöhnlicher Längenentwicklung erforderten. Im Mittelbereich veränderte das Hochwasser fast jährlich den Stromverlauf. Andererseits sicherte die Breite des Stromes eine nur geringe Wassertiefe und vor allem einen gleichmäßig verteilten Rückstau. Mit der damals bekannten Technik konnte man die Steinerne Brücke an dieser Stelle nur deshalb errichten, weil man es verstand, den Wassermassen das Eigengewicht der Brücke entgegenzusetzen, gleichzeitig aber keinen Mangel an Material hatte. Die auf flachen Schwellrosten gegründeten Brückenpfeiler schützte man gegen Unterspülung durch inselförmige Vorlagen, die sogenannten Beschlächte. Sie geben der Brücke noch heute ihr charakteristisches, vom Gegensatz zwischen den massigen Pfeilern und dem Schwung der Bögen bestimmtes Aussehen.

Der Brücke zugehörig waren von jeher die beiden Brückenköpfe. Auf dem nördlichen Brückenkopf stand das zur Reichsstadt gehörige Katharinenspital auf dem ehemaligen Bauhüttenplatz der Brücke. Es gelangte durch Schenkungen um 1145 und 1209 zu Blüte und Bedeutung. Den südlichen Brückenkopf bilden heute zwei große Stadelbauten, die an die Stelle der älteren Hafenanlagen und des Brückenbads getreten sind und so das auf dem ersten Brückenpfeiler alter Zählung stehende Brücktor zu beiden Seiten flankieren.

Ursprünglich befestigten drei Türme die Brücke, nämlich außer dem bestehenden Brücktor ein Mittelturm auf dem zwölften Pfeiler und der Schwarze Turm auf dem nördlichen Widerlager der Brücke. Die beiden letzteren Türme wurden im Laufe der Jahrhunderte abgebrochen.

Alle drei Türme zusammen gaben der extrem langgestreckten Brücke neben ihrer Befestigungsfunktion auch die ästhetisch wünschenswerten vertikalen Zäsuren und bestimmten schließlich das charakteristische, schnell zum Wahrzeichen gewordene Bild der Brücke.

Der Schwarze Turm auf der Stadtamhofer Seite der Brücke wurde 1383 durch eine umgebende Wehranlage ergänzt und so zum Mittelpunkt des dortigen befestigten Brückenkopfes. Während des Städtekrieges 1388 wurde diese Anlage zusätzlich von einem Befestigungsgraben umgeben. 1429/30 veranlaßte die Hussitengefahr eine nochmalige Erweiterung dieser Befestigungen, so daß neben zwei Brusttürmen auch eine Schlagbrücke eingebaut wurde, die man „Schneller" nannte, da sie beim Aufziehen mit großer Gewalt in die Höhe schnellte. Nach jahrelangen Auseinandersetzungen erwarb 1433 die Reichsstadt nachträglich von den oberbayerischen Herzögen den Grund, auf dem sie die Befestigungsanlagen des nördlichen Brükkenkopfes errichtet hatte, 1611 wurde dann die Anzahl der Schneller auf drei erhöht. Erst 1810 fielen die Befestigungen mit dem Schwarzen Turm dem Abbruch zum Opfer, nachdem im April des Jahres 1809 im Kampf zwischen den napoleonischen Truppen und den Österreichern die Anlage stark beschädigt worden war. Es war wohl ein geradezu symbolischer Akt, daß die keineswegs zerstörte Anlage nun vom neuen Souverän der Stadt, dem Königreich Bayern, vollständig beseitigt wurde. Auch die „Schöne Pforte", der Zugang von der Brücke zur ehemaligen Katharinenkirche und zum gleichnamigen, der Reichsstadt gehörigen Spital, wurde hierbei abgebrochen. 1824/25 trat schließlich an die Stelle der Befestigungsanlagen um den Schwarzen Turm der noch heute bestehende Stadtamhofer Brückenbasar, für den man auch den sechzehnten Brückenbogen um die Nordhälfte seitlich verbaute.

Der Mittelturm der Steinernen Brücke war der kleinste und stand auf dem zwölften Pfeiler ursprünglicher Zählung. In Höhe der beiden Wöhrde schützte er das reichsstädtische Territorium gegen Norden und bewehrte auch die beiden zur Reichsstadt gehörigen Inseln. Seit 1612 befand sich in den Obergeschossen daher die Wohnung des Hochwächters. 1784 wurde der Turm durch Hochwasser und Eisgang so tiefgreifend erschüttert, daß er ersatzlos abgebrochen werden mußte. In nächster Nähe des Standortes des ehemaligen Mittelturmes führt heute eine Verbindungsbrücke von der Steinernen Brücke auf den Oberen Wöhrd. Diese „Obere Hölzerne Brücke" wurde 1499 auf Beschluß des Rates der Stadt begonnen, aber erst 1502 vollendet. Die Errichtung der Verbindungsbrücke war eine Reaktion auf die vom Bayernherzog Albrecht zwischen den Färberhäusern am Katharinenspital und dem Oberen Wöhrd errichtete Brücke, die nach dem Beschluß des Rates wieder „abzuschaffen" und durch eine eigene reichsstädtische Brücke zu ersetzen sei. Die vom elften Pfeiler ursprünglicher Zählung herabführende Brücke war zunächst völlig aus Holz. Ab 1553 wurden die Pfeiler gegen steinerne ausgewechselt. Noch 1877 war die Fahrbahn aus Holz mit Ausnahme der Anfahrt, die 1574 eine steinerne Befestigung erhielt. Die rechteckigen Werksteinpfeiler tragen Datierungen, der erste 1553, der zweite und dritte 1585 und der vierte schließlich 1586. Am dritten Pfeiler ist auf der Südseite zusätzlich die Datierung 1768 mit dem Namen des verantwortlichen Bauamtsdirektors Friedrich Johann Christian Wendler angebracht. Die Datierungen nehmen größtenteils auf die immer wieder erforderlichen Wiederherstellungen Bezug. 1877 wurde dann die hölzerne Brücke durch eine Eisenkonstruktion ersetzt, die bei der Brükkensprengung zu Ende des 2. Weltkrieges 1945 zerstört wurde. Bis 1967 wurde die Obere Hölzerne Brücke wiederhergestellt, indem man eine neue Fahrbahn aus Stahl und Beton den historischen Pfeilern aufsetzte.

Eine wechselvolle Geschichte hat auch das Brückenmännchen im Scheitelpunkt der Steinernen Brücke aufzuweisen. Die heutige Figur eines nackten, nur mit einer Badehose bekleideten Jünglings, der rittlings auf einem Satteldächlein sitzt, ist die zweite Rekonstruktion einer älteren Figur aus dem Jahre 1446. Schon im Jahre 1579 mußte das Brückenmännchen neu angefertigt werden.

Damals saß es auf dem Giebel einer Türe, die vom vierten Brückenpfeiler ursprünglicher Zählung nach Osten zu den Schleifmühlen auf dem Beschlächt hinabführte. 1826 wurde der Torso dieses Männchens ins Museum gebracht, und 1854 wurde schließlich das heutige Denkmal in der Brückenmitte errichtet.

Auch das eigentliche Brückenbauwerk unterlag mehrfachen Eingriffen im Laufe der Jahrhunderte. 1432 und 1491 wurde die Brücke durch Hochwasser stark beschädigt. Spätestens damals scheint man der oberstromseitigen Front eine neue Mauerschale vorgesetzt zu haben. 1565 zerstieß der Eisgang fast alle Eisbrecher vor den Pfeilern. Feuersbrünste in den Mühlen, die auf die Beschlächte aufgebaut waren, verursachten weitere Schäden und machten zum Beispiel 1557/58 eine Erneuerung der Brüstungen erforderlich. 1579 mußte das „Türgericht“ (Portal) zu den Schleifmühlen samt dem Brückenmännchen ausgewechselt werden, nachdem es einem Brand zum Opfer gefallen war. 1580 war die gleiche Maßnahme am Portal zur Walkmühle erforderlich. Auch andernorts waren Ausbesserungsarbeiten vonnöten, so 1605 im Pflasterbereich der Fahrbahn, 1609 an den Pfeilern, 1612 zusätzlich an den Beschlächten, 1642 an der Brüstung.

Als sich während des Dreißigjährigen Krieges im Jahre 1633 die Schweden unter Herzog Bernhard von Weimar der Stadt näherten, ließ der Kommandant der kurfürstlich-bayerischen Besatzung eiligst das vierte Joch ursprünglicher Zählung, also den heutigen dritten Brückenbogen sprengen. Die Lücke wurde anschließend durch eine hölzerne Zugbrücke mit galgenförmigem Aufzug geschlossen. Als man aber zu Ende des 18. Jahrhunderts feststellen mußte, daß durch das Fehlen des Bogens nicht mehr die erforderliche Spannung zwischen dem dritten und dem vierten Brückenpfeiler gewährleistet war und diese aus der Achse zu gehen drohten, ließ die Reichsstadt den Bogen schließlich in den Jahren 1790 bis 1791 wiederherstellen. Ebenfalls im Zusammenhang mit dem Dreißigjährigen Krieg 1633 brannten der Brückturm und der Mittelturm aus. 1648 wurden sie wiederhergestellt und der Brückturm zusätzlich mit einer Uhr versehen. Ab 1687 wurden die Beschlächte verbreitert, so daß die Durchflußöffnungen unter der Brücke sich zunehmend verengten. 1694 ließ man auch die kleine gotische Kapelle auf dem siebten Brückenpfeiler abtragen. Sie enthielt einstmals eine Kreuzigungsgruppe mit Maria und Johannes unter dem Kreuz und war von drei gotischen Fialen bekrönt. Wie ältere Dar-

Fahrbahn der Steinernen Brücke gegen Stadtamhof

stellungen der Brücke noch deutlich zeigen, muß es sich um eine doch eindrückliche skulpturale Ausstattung gehandelt haben. 1732 wurden die starken Brüstungen zu Seiten der Brücke abgenommen und gegen dünnwandigere Sandsteinplatten ausgetauscht, um eine Verbreiterung der Fahrbahn zu erreichen. Gleichzeitig belegte man die Fahrbahn nun mit Hirschlinger Pflaster. 1784 zerstörte ein in ganz Süddeutschland verheerend auftretendes Hochwasser mit einem Eisstoß die Mühlen auf den Beschlächten und den Mittelturm der Brücke. 1877/78 ersetzte das Stadtbauamt schließlich die im wesentlichen barocken Brüstungen durch Granitplatten aus Flossenbürg. Gleichzeitig wurden zur nochmaligen Verbreiterung der Fahrbahn die Gehsteige ausgekragt und das Paviment gegen ein Granitpflaster ausgewechselt.

1902/03 war durch die Anlegung der elektrischen Straßenbahn ein Umbau des Brücktores veranlaßt. Die schließlich verwirklichten Pläne des Stadtbaurates Adolf Schmetzer sahen eine Umlenkung des gesamten Verkehrs durch einen westlich angefügten Schwibbogen vor, eine gestalterische Lösung, der zwar das Brückenzollhaus und die ehemalige Margaretenkapelle an der Brückstraße zum Opfer fielen, durch die aber das alte Brücktor vor dem bürgerseits geforderten Abbruch bewahrt werden konnte.

Am 23. April 1945, kurz vor dem Ende des 2. Weltkrieges, wurden Teile der Brücke von deutschen Truppen in die Luft gesprengt. Die Sprengung des zweiten und elften Pfeilers ursprünglicher Zählung führte auch zur Zerstörung der Joche 2 und 3 sowie 11 und 12. Im Winter 1945/46 schlossen amerikanische Truppen die Lücken durch behelfsmäßige Holzkonstruktionen. Die durch den Luftdruck der Sprengungen stark beschädigten Beschlächte wurden zwischen 1951 und 1962 saniert, so daß schließlich von April bis November 1967 auch die zerstörten Joche wieder aufgeschlagen werden konnten. Seit 1950 bestehen die Brüstungen der Brücke aus Beton.

Das Brückenbauwerk

Die Steinerne Brücke war ursprünglich 336 m lang. Seit der Zusetzung des ersten Bogens durch den Amberger und Regensburger Salzstadel und der Vergrößerung des nördlichen Widerlagers in Stadtamhof hat sie eine Länge von 308,70 m. Gegen die Mitte steigt die Brücke um 5,5 m an, um gegen Stadtamhof wieder um 5 m abzufallen. Die Abweichung der Brückenachse von der Geraden im Verlauf ihrer Pfeiler ist durch die individuelle Ausrichtung der Fundamente auf die Strömungsrichtung in den Flußbetten bedingt.

In der Seitenansicht sind von den 16 Brückenbögen 15 sichtbar. Die einzelnen Bögen haben verschiedene Spannweiten zwischen 10,20 und 16,70 m. Die kreisrunden bzw. stichbogigen Wölbungen sind von Bruchsteinen verschalt, bestehen in ihrem Kern aber bis herauf zur Fahrbahn aus vergossenem Bruchsteinmauer-

Brückenpfeiler mit keilförmigen Eisbrechern und vorgestellten Findlingen

werk. Das Mauerwerk der Brücke stellt so den Angriffen des Flusses eine massive und gewichtige, in sich geschlossene Masse entgegen, die bisher selbst den katastrophalsten Hochwassern widerstehen konnte.

Die 5,80 m bis 7,60 m breiten Brükkenpfeiler haben nach Westen zum Oberwasser Eisbrecher-Vorköpfe. Die keilförmigen Eisbrecher sind mit Quadern verschalt, die durch eiserne Klammern fest miteinander verbunden sind. Massive Findlinge schützen die Eisbrecher vor Beschädigungen. Die zum Unterwasser bestehenden Vorköpfe sind nicht so stark ausgebildet und haben auch keine Verklammerungen. Das Innere der mit Werksteinquadern verschalten Pfeiler ist mit Bruchstein aufgefüllt, die mit Heißkalkmörtel vergossen sind (nach Schmetzer). Die 1945 gesprengten Pfeiler 2 und 11 wurden mit den beiderseitigen Brückenjochen bis 1967 in Grünsandstein wieder aufgezogen. Das Steinmaterial dieser Teile stammt von den abgebrochenen Befestigungsanlagen in Ingolstadt.

Die Gründung der Pfeiler bilden Eichenroste, die auf der geebneten Kiessohle des Donaubettes aufliegen. Dem Schwellrost folgen mehrere Lagen Quader. Zum Schutz gegen Unterspülung sind diese Pfeiler mit inselförmigen Vorlagen (Beschlächten) umgeben, die von tief in den Grund gerammten Eichenpfäh-

len eingefaßt, von Querhölzern versteift und mit Steinmaterial aufgefüllt sind. Kalksteinquader bilden die Abdeckungen. Die Pfeilervorlagen werden in Regensburg Beschlächte genannt, wohl nach dem Wort Schlacht, das im bajuwarischen Wortschatz die aus Pfählen gebaute Uferbefestigung umschreibt.
Die Fundamentierung der Regensburger Brücke nimmt eine römische Technik wieder auf, wie sie etwa durch die Römerbrücke in Trier überliefert ist. Dort setzten die Römer die Brückenpfeiler ebenfalls unmittelbar auf die geglättete Flußsohle. Später wurden die Pfeiler durch Fangedämme (von Lehm hinterfüllte Spundwände) ergänzt, die sie gegen Auskolkung zu schützen und der Schiffahrt als Leitplanken zu dienen hatten. Somit wurde in Regensburg nur das römische System der Fangedämme durch die für den bajuwarischen Raum typische Uferbefestigung aus Pfählen, Stecken, Fürsetz (Querhölzer) und Steinhinterfüllung ersetzt.
Die im Laufe der Zeit zunehmend verstärkten Beschlächte der Regensburger Brücke wurden zwar 1848 im Bereich der ersten fünf Joche für die Schiffahrt des Ludwigskanals wieder reduziert, blieben aber ansonsten bis 1951/62 außerordentlich breit und verursachten einen starken Rückstau des Oberwassers. Die Breite der Beschlächte lag zwischen 15 und 20 m, so daß sich nur Durchlaßöffnungen von 4 bis 7,60 m Breite ergaben. Die Sanierungen an der Brücke von 1951 bis 1962 konnten die Öffnungen zwischen den Beschlächten zwar verbreitern, lassen aber noch heute erkennen, welch großes Abflußhindernis die Beschlächte darstellen. Zu Recht wurde daher in der Brückenbauliteratur dieses auf veralteter Bautechnik beruhende Handicap herausgestellt. In der Tat lassen die breiten Vorlagen eine in erster Linie auf Sicherheit bedachte Schwerfälligkeit in der Pfeilergründung erkennen. Die breiten Beschlächte verursachen oberhalb der Brücke einen Wasserrückstau, un-

Brückenbögen mit an- und absteigender Fahrbahn

terhalb aber unbefahrbare Stromschnellen, die sogenannten Donaustrudel. So konnte letztlich nur das breite Profil des Flusses einen erträglichen Durchfluß der Wassermassen durch die massig ausgebildeten Pfeiler und Beschlächte gewährleisten. Diese Überlegungen mögen auch zur Zeit der Errichtung der Brücke den Standort bestimmt haben und die Inkaufnahme der beträchtlichen Brückenlänge erklären.
Anläßlich der letzten Sanierung der Brücke wurden die Beschlächte auf eine Breite von ca. 10 m zurückgeführt. Die Gründung erfolgte nun auf Unterwasserbeton, der bis unter die Pfeiler geführt wurde. Ein Teil der Beschlächte erhielt eine seitliche Verkleidung aus Holzbohlen. Die Oberflächen der Beschlächte wurden dem historisch überkommenen Erscheinungsbild entsprechend mit Bruchstein abgepflastert und von Rand- und Stichbalken eingefaßt.
Eine besondere Rolle kommt dem Hammerbeschlächt in Höhe des sechsten Brückenpfeilers zu. Als durchgehende Staumauer wurde es 1388 zwischen dem Oberen und Unteren Wöhrd errichtet. Da es die Funktion hatte, die Wassermassen im südlichen Donaubett zu halten, kam ihm im Hinblick auf die dort betriebenen Mühlen eine wichtige Funktion zu. Bis zum Ende des 2. Weltkrieges befand sich in Höhe des elften Pfeilers noch ein weiteres Längsbeschlächt, das die Wassermassen des nördlichen Donauarmes vom Unteren Wöhrd und der sog. Jahninsel abzuhalten hatte.

Der ehemalige Schiffskanal und die Schiffswinden

Südlich der Steinernen Brücke, zu beiden Seiten des Brückenkopfes, befand sich der alte Hafen von Regensburg. Auf der Oberstromseite lag die kleine Hafenbucht des Wiedfangs rund um die romanische Kirche St. Georg. Auf der Stromabwährts-Seite der Steinernen Brücke, wo heute der Salzstadel-Komplex und die Historische Wurstküche liegen, befanden sich die Länden für die größeren Schiffe, deren Güter mittels eines großen Kranes, der sogenannten Kränchers, umgeschlagen wurden.
Die Errichtung der Steinernen Brücke stellte auch einen Eingriff in die Schiffahrt dar, da durch die sehr breiten Beschlächte im Oberwasser ein Rückstau, im Unterwasser aber kräftige Strudel hervorgerufen wurden. Um diese gefährlichen Stromschnellen zu umgehen, wurde zwischen den beiden Hafenanlagen ein Schiffskanal angelegt, der durch das erste, heute verbaute Brückenjoch führte. Erst im Jahre 1490, also während der kurzen Zeit, da sich Regensburg dem bayerischen Herzog Albrecht IV. unterworfen hatte, wurde der Schiffskanal in seinem oberen Teil durch die Errichtung des älteren, sog. Amberger Salzstadels aufgelassen. 1551, mit der Erweiterung des Amberger Salzstadels, wurde der Brückenbogen auf der Westseite vollständig verbaut. Mit der Errichtung des jüngeren Re-

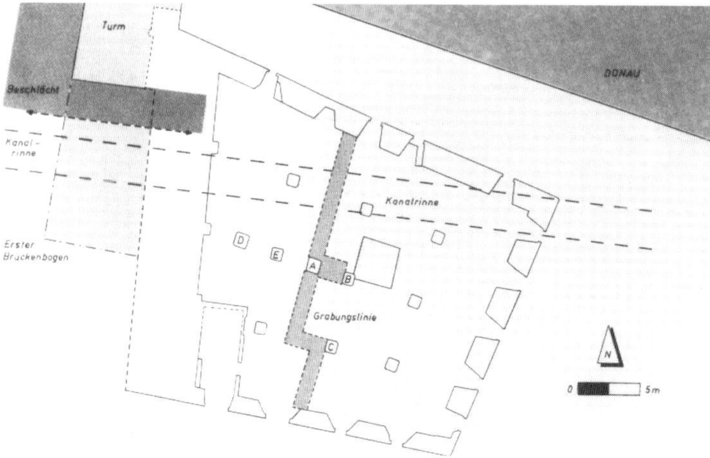

Lage des Schiffskanals vor der Überbauung durch den Salzstadel

gensburger Salzstadels östlich der Brücke zwischen 1616 und 1620 wurde dann auch der untere Teil des Verbindungskanals überbaut.

Die Auflassung des Schiffskanals am Wiedfang stellte an die Donauschifffahrt die Aufgabe, nun mit anderen Mitteln die Donaustrudel zu überwinden. So wurde das Ohmwerk am Wiedfang eingerichtet, das mittels einer Winde die Schiffe stromaufwärts durch die Brücke zog. Nachdem die erste Winde aus dem Jahre 1559 schadhaft geworden war, mußte sie 1565 und 1583 samt des zugehörigen Windenhäusleins völlig erneuert werden. Das jüngste Ohmwerk befindet sich in der Donaumauer gleich neben dem Haus Am Wiedfang 5. Es stammt in seiner heutigen Gestalt aus dem Jahre 1914 und war noch bis zum 2. Weltkrieg im Einsatz. In der Nordfassade des kleinen Häuschens befindet sich ein dreiseitiger, zur Donau hin ausgerichteter Beobachtungserker, darunter im Mauersockel eine schlitzartige, durch eine Holzklappe verschlossene Öffnung für das Zugseil. Im Innern steht ein Elektromotor von 1914, der die älteren mechanischen Seilwinden ersetzt hat. Am Kai, direkt vor dem Windenhäuslein, befinden sich die Führungspoller zur Ausrichtung des Zugseiles, an dem die Schiffe durch das südlichste der Brückenjoche stromaufwärts gezogen wurden.

Der Name Ohmwerk rührt von der ehemaligen am Wiedfang gelegenen Salzohm her, wo mittels eines Schöpfwerkes das Wiegen und Eichen der Salzfässer stattfand. Der vom mittelhochdeutschen Wort „Ome" bzw. „Ahm" abgeleitete Name bedeutet soviel wie „Maß". Die Ohm gab auch dem umgebenden Bereich am Wiedfang den Namen sowie schließlich dem dort 1610 erbauten runden Stadtmauerturm, der unmittelbar östlich des Windenhäus-

Donaulände, Schiffswinde und Steinerne Brücke

chens am Übergang zum Amberger Salzstadel stand. 1610 wurde die Winde in diesen Ohmturm eingebaut, so daß sich der Name schließlich auf die Schiffswinde selbst übertrug.
Auch an der Nordseite der Steinernen Brücke befand sich von 1353 bis 1486 eine ähnliche Schiffswinde, das sogenannte Antwerch. Es stand im Bereich des heutigen Spitalgartens unmittelbar vor der dortigen Badestube des Spitals. Mit der Winde des Antwerches konnten die Boote auf dem nördlichen Donauarm über die Strudel stromaufwärts gezogen werden. 1486, nachdem die Reichsstadt Regensburg – wenn auch für nur kurze Zeit – herzoglich baierisch geworden war, wurde das Antwerch abgebrochen.

Die Brückenköpfe

Entsprechend den meisten mittelalterlichen Brücken hat auch die Steinerne Bücke einen spezifisch auf die Brücke ausgerichtete Kopfbebauung. Die südliche Brückenauffahrt flankieren heute die beiden Salzstadel, die zusammen mit dem Brücktorturm eine mächtige Bautengruppe auf dem Widerlager bilden. Daneben stehen auch die Historische Wurstkuchl und das Ohmwerk in engstem Zusammenhang zur südlichen Brükkenkopfbebauung.
Die Historische Wurstkuchl wurde 1651 als kleiner erdgeschossiger Pultdachbau der donauseitigen Stadtmauer direkt angebaut. Nach der Legende soll sie schon den am Brückenbau tätigen Bauarbeitern zur Verpflegung gedient haben. Tatsache ist, daß die heutige Wurstküche eine Vorgängerin hatte, die der Er-

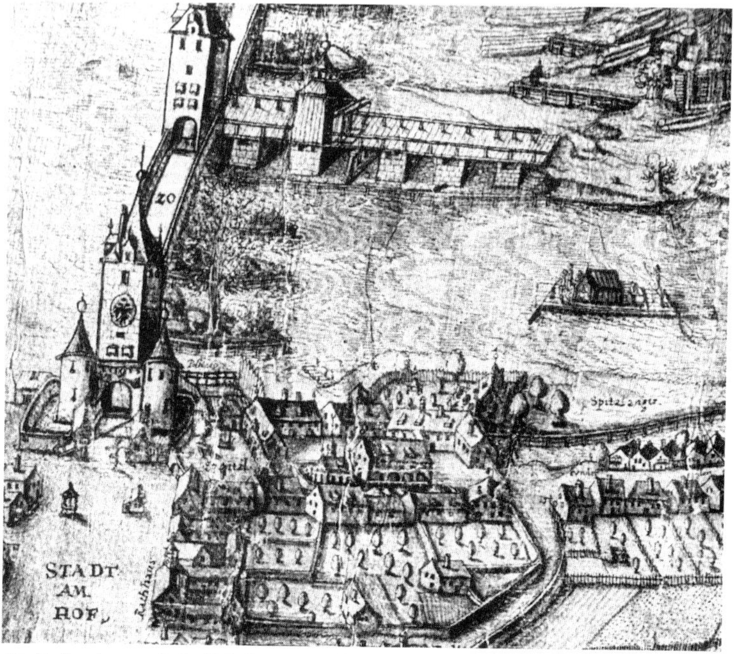

St. Katharinenspital mit Schwarzem Turm sowie Mittelturm mit „oberer Holzerner Bruck", nach H. G. Bahre, 1720

richtung des Regensburger Salzstadels in den Jahren zwischen 1616 und 1620 weichen mußte. Seit Beginn des 19. Jahrhunderts befindet sie sich im Besitz der Familie Schrikker-Meier.

Den nördlichen Brückenkopf bildet heute der 1824/25 errichtete Brükkenbasar. In der Mitte des heutigen Freiplatzes stand bis 1810 der Schwarze Turm. Unmittelbar westlich des Schwarzen Turms folgte die in der 1. Hälfte des 13. Jahrhunderts errichtete Katharinenkirche, die zu dem gleichnamigen benachbarten Spital gehörte. Auf dem ehemaligen Bauhüttenplatz der Steinernen Brücke, unmittelbar westlich dieser Kirche, entwickelt sich das Katharinenspital, aufgrund der engsten Verbindung zur Brücke auch „Spital innerhalb Bruck" genannt. Auf die Katharinenkirche bezieht sich wohl die Erwähnung einer Weihe am 15. Mai 1245 in einer Bulle des Papstes Innozenz IV. Heute ist uns das 1430 schon zum großen Teil abgerissene Gotteshaus nur noch durch Beschreibungen und Zeichungen überliefert. Demnach befand sich die Katharinenkirche unmittelbar westlich des Schwarzen Turmes in Brückenhöhe. Als Substruktion diente ihr ein Bierkeller. Von der Brücke aus führte ein zweiteiliges Portal, die sogenannte „Schöne Pforte“, in die benachbarte Infirmerie des Spitals. Wie uns Zeichnungen überliefern, war das dreifach gestufte Gewände des Portals mit Säulen ausgesetzt und an seinem Mittelpfeiler befand sich die Figur eines segnenden Bischofs. Um für die Befestigungsanlagen des Brückenkopfes Raum zu schaffen, wurde die Katharinenkirche 1430 bis auf die Ost- und Südfassade abgebrochen. Diese Fassaden und die „Schöne Pforte“ blieben aber bis 1810 stehen. In das reichsstädtische Spital konnte man daneben auch durch ein unmittelbar südlich anschließendes Hintertürl gelangen, das in Verbindung mit einer bretterverschlagenen Treppe, dem sogenannten Spitalsteig, direkten Zugang zum Spital ermöglichte, ohne kurbayerisches Gebiet zu berühren. Auf das kleine Türlein zum Spitalsteig wurden 1784 die Figuren des abgebrochenen Mittelturmes aufgesetzt, bevor sie in museale Verwahrung gelangten und schließlich als Kopien am heutigen Brückturm angebracht wurden.

Der Regensburger Salzstadel

Auf dem südlichen Brückenkopf, unmittelbar östlich der Steinernen Brücke, erhebt sich der Regensburger Salzstadel, aufgrund der Nähe zum Hafenkran auch „Kräncherstadel“ genannt. Der dreigeschossige Bau mit einem mächtigen fünfgeschossigen Dach entstand 1616, nachdem im Jahre zuvor die Stadt Regensburg die Hoheit über den Salzhandel zurückerlangt hatte. Die Stadt sah sich veranlaßt, im Ländenbereich ein Stapelhaus für den Salzumschlag zu errichten, und mußte dabei auf das im öffentlichen Besitz befindliche Areal unmittelbar neben der Brückenauffahrt zurückgreifen. Der verkehrsgünstigen Lage des Bauplatzes stand die Tatsache gegenüber, daß es sich um den ehemals sumpfigen Hafenbereich handelte, der von einem Schiffskanal quer durchzogen und südseitig mit dem zur Brücke gehörigen privilegierten Bad sowie der älteren Wurstkuchl bebaut war. So mußten 1615 die älteren Gebäude abgebrochen werden, an die heute nur noch die bisweilen auftauchende Bezeichnung des neuen Stadelgebäudes als „Badsalzstadel“ oder „Kräncherstadel“ erinnert. Im allgemeinen Sprachgebrauch setzte sich die Bezeichnung Reichsstädtischer bzw. Regensburger Salzstadel durch, um den Gegensatz zum herzoglichen oder Amberger Salzstadel drüben auf der anderen Seite der Brücke herauszustellen.
Der teils sumpfige, teils aufgeschüttete Untergrund für den neuen Stadel wurde durch eine Pfahlgründung vorbereitet. Gleichzeitig verstand man es, die Pfeiler im Innern des Gebäudes auf die gefestigten Randbereiche des ehemaligen Schiffskanals auszurichten. Es entstand ein mächtiges Lagergebäude auf trapezförmigem Grundriß, das im Innern durch drei Pfeilerreihen mit gewichtigen

Regensburger Salzstadel mit Wurstküche u. Salzlände nach K. Wiesner, 1840

Unterzügen vierschiffig gegliedert war. Waren im untersten Geschoß die Pfeiler aus Sandstein, so wechselte man im Folgegeschoß auf eichene Pfeiler, um dann bis in die Dachgeschosse hinauf die Dominanz des hölzernen Ausbaues zu steigern. 1619 war der neue reichsstädtische Stadel fertiggestellt. Weil der Wasserstand der Donau günstig war und von Unterstrom sehr viel Salz ankam, ließen sich die Regensburger zu einer Einlagerung über Maß verführen, so daß der Salzstadel schließlich unter der Überlast einstürzte. Etwas verzagt schildert der Stadtbaumeister das Geschehen in der Bauamtschronik: „Wie nun der stadl und boden des 1619 Jahres belegt und sich befunden, daß auf den anderen und dritten Boden jeder der 40 lb scheiben kamen, welche in 12 tausend centen betragen, in die andern und höhern böden aber etwas weniger, hat solche gewaltige schwere nicht allein etlich palcken ab, sondern auch etlich der grossen steinern pfeilern gar sehr zerdruckt, das gebälck und gespör ziemlich auseinander gezogen und die mauer gegen die Donau hinaus ein wenig gesetzt."
Während der 1988 bis 1991 durchgeführten Sanierung des Regensburger Salzstadels konnte die Ursache des Zuammenbruchs geklärt werden. Die trapezförmige Grundform des Stadels führte insbesondere im westlichen Teil zu einer übergroßen Spannweite der Unterzüge, die dann unter der Last einknickten. Nicht die

Südlicher Brückenkopf mit Brücktor und beiden Salzstadeln, 1992

vom Chronisten vorgegebene mangelhafte Gründung der Pfeiler führte zur Katastrophe, sondern ein Rechenfehler. Die Gründung der Pfeiler war, wie die wissenschaftliche Grabung erwies, sehr sorgsam vorgenommen, einerseits auf den auch heute noch teilweise erhaltenen Pfählen, teilweise auf der alten steinernen Mole zwischen Kanal und Donau. Im Jahre 1620, als man daran ging, die Folgen der Katastrophe zu beseitigen, setzte man im Westteil zwischen die vorhandenen Pfeiler weitere Zwischenpfeiler, um die extrem lange Spannweite der Unterzüge zu mindern. Noch heute sind die nachträglich eingesetzten Pfeiler aufgrund ihrer abweichenden steinmetzmäßigen Ausgestaltung erkennbar.

Im Laufe der Jahrhunderte wurde der Regensburger Salzstadel immer wieder den neuen wirtschaftlichen Bedürfnissen angepaßt bzw. das aufgrund der Salzlagerung verrottete Gebälk zimmermannsmäßig repariert. So baute man 1649 eine Seilwinde in den Stadel, um den Transport des Salzes in die Obergeschosse zu erleichtern. Die Seilwinde befand sich im Bereich des heutigen Aufzuges. Die alte Haspel kann noch im zweiten Dachgeschoß besichtigt werden.
Immer wieder mußten Balken im Stadel ausgewechselt werden, da das hochkonzentrierte Kochsalz in das Innere der Hölzer eindrang und diese im Wege der Mazeration aufarbeitete. Der ständige Wechsel des Ag-

Regensburger Salzstadel, Ausstellungssaal im 1. Dachgeschoß, 1992

gregatzustandes des Salzes führte zu einer Sprengung des Gewebes und zum Abschälen der Oberfläche an den Balken. Noch heute können Salzausblühungen an den Balken beobachtet werden. Über die Jahrhunderte hat man daher in bestimmten Abständen die schadhaften Balken durch den Zimmermann auswechseln lassen. Die erste Auswechslung ist für 1712 überliefert.

1789 und 1817 wurden die südlichen Pfeilerreihen im heutigen Erdgeschoß und 1. Obergeschoß des Stadels ausgewechselt und dabei auch die zugehörigen Balkenlagen erneuert. 1885 kam dann eine neue Nutzung in das Haus, im Untergeschoß wurde das Eichamt eingerichtet, in den Geschossen darüber zog die Regensburger Pfandleihe ein. Das Eichamt blieb bis 1955 im Haus, die Pfandleihanstalt bis zum Beginn der Salzstadelsanierung 1988.

Von 1988 bis 1991 wurde die Sanierung des alten Stadels durchgeführt. Die denkmalpflegerischen Ziele waren hierbei auf den Erhalt der historischen Substanz, die Bewahrung der Überschaubarkeit der Gesamträume, die räumliche Vollständigkeit der Lagergeschosse und die Erlebbarkeit des historischen Bestandes ausgerichtet. Dem Architekten kam die Aufgabe zu, die denkmalpflegerischen Ziele zum Gestaltungsprinzip räumlicher Transparenz fortzuentwickeln. Der Dominanz der historischen Architektursprache, insbesondere der hölzernen Lager- und Dachkonstruktion, wurde ganz bewußt kontrastierend die von Leichtigkeit und entmaterialisierter Schwerelosigkeit geprägte Gestaltung der neu hinzugefügten Teile gegenübergesetzt. In konsequenter Materialgerechtigkeit wurden die historischen Strukturen in Holz und Naturstein belassen, die neu hinzugefügten in Glas und Metall ausgeführt.

Der Amberger Salzstadel

Der westliche Teil des südlichen Brückenkopfes wird vom sogenannten Amberger Stadel besetzt, einem dreigeschossigen Walmdachbau mit Erkertürmchen nach Norden. Die Entstehung des Amberger Salzstadels geht auf das Jahr 1487 zurück, als auf Veranlassung des bayerischen Herzogs Albrecht IV. ein Vorgängerbau errichtet wurde, um die Zwischenlagerung des für die Oberpfalz bestimmten Salzes zu ermöglichen. Für 1551 ist eine Erweiterung dieses Stadels überliefert, die aber wohl einem fast vollständigen Neubau gleichgekommen sein dürfte.

Der Amberger Stadel erhielt seine heutige äußere Gestalt im wesentlichen durch die Umbauten unter dem Stadtbaurat Adolf Schmetzer in den Jahren 1902/03. Damals wurde die ältere Bebauung zwischen der Brückstraße und dem Stadel zugunsten einer Verbreiterung der Brükkenauffahrt beseitigt und dem Stadel eine neue Ostfassade gegeben. Der neugewonnene Zwischenraum zum Brücktorturm wurde mit dem breiten Schwibbogen überspannt, um die Geschlossenheit des Brückenkopfes zu bewahren und die stadttorartige Gesamtsituation zu erhalten. Gleichzeitig wurde die Nordfassade des Amberger Salzstadels überformt. Hier fügte Adolf Schmetzer einen runden Erkerturm ein, der den Übergang zum Schwibbogen akzentuiert. Schon 1848/49 war die Nordfassade des Stadels nach dem Abbruch der Schleifmühle und des westlich angrenzenden Ohmturmes gegenüber der Kaimauer zurückversetzt wor-

Ehem. Margaretenkapelle 1848 – 1902

Jetzt Schwibbogen neben Brücktor

den. Im Laufe des 19. und frühen 20. Jahrhunderts wurde der Amberger Salzstadel dann zunehmend zu Wohnungen ausgebaut. Mit der von 1989 bis 1992 durchgeführten Gesamtsanierung wurde der Amberger Salzstadel zu einem Studentenwohnheim umgenutzt. Das Studentenwerk verfolgte damit als Bauherr das schon in anderen historischen Gebäuden der Regensburger Altstadt realisierte Ziel eines studentischen Wohnens in historischen Denkmälern. Nach einer Planung der Regensburger Stadtbau GmbH wurden 34 Studentenappartements in den Stadel eingerichtet, im Erdgeschoß aber die auf älteren Bestand zurückgehenden Geschäftsräume belassen. Im Innern wie im Äußeren wurde Wert darauf gelegt, daß der Stadelcharakter ablesbar bleibt. In den zentralen Hallen der Wohngeschosse blieben die Balkenlagen und Stützkonstruktionen sichtbar, so wie auch im teils unsichtbaren Dachbereich die alte Zimmermannskonstruktion wieder komplettiert wurde. Im Laufe des 20. Jahrhunderts waren nämlich für die Statik erforderliche Hölzer der Konstruktion einfach herausgeschnitten worden, um Durchgänge zu schaffen. Die weitgehende Wiederherstellung der ursprünglichen Stützenkonstruktion konnte auch die Statik des Gebäudes sanieren.

Im Äußeren entschied man sich bei der Sanierung für den Erhalt der architektonischen Handschrift Adolf Schmetzers. Der gelbe Fassadenanstrich, der um die Jahrhundertwende im süddeutsch-österreichischen Raum üblich war, wird so auch noch heute ergänzt durch die filigran gestalteten Fenster mit ihrer zweifarbigen Fassung. Bis hin zu den Kaminen und zur Dachgestaltung – die veränderten Gauben ausgenommen – wurde so dem Denkmalwert der Jahrhundertwende Rechnung getragen.

Amberger Salzstadel nach der Sanierung von 1989/92

Die Historische Wurstküche am ehemaligen Krancher

Östlich des Regensburger Salzstadels steht die 1651 der donauseitigen Stadtmauer direkt angebaute Historische Wurstküche, ein nur kleiner erdgeschossiger Pultdachbau. Die „Wurstkuchl", wie sie von den Regensburgern genannt wird, ist für den Brückenbau insofern von Bedeutung, als sie nach einer Legende schon damals der Verpflegung der Bauarbeiter gedient haben soll. Auch wenn diese frühe Funktion als Garküche nicht konkret nachweisbar ist, so würde sie doch sehr gut in das Bild des damaligen Bauhüttenwesens passen. Unbestritten ist aber, daß die heutige Wurstküche eine Vorgängerin hatte, die im Bereich des Regensburger Salzstadels stand und vor dessen Errichtung 1615 abgebrochen werden mußte, ebenso wie das zur Brücke gehörige Badhaus.

Die Funktion als Wurstküche rührt erst aus dem 19. Jahrhundert her. Nach der ursprünglichen Überlieferung handelt es sich bis in das 19. Jahrhundert hinein um eine sogenannte Garküche, in der nicht nur Würste, sondern alle Arten von Fleischgerichten gegart und den Gästen serviert wurden. Eine während der Salzstadelsanierung durchgeführte archäologische Grabung führte zur Entdeckung der Abfallgrube, in der sich neben Rinder- und Schweineknochen auch solche von Schafen, Ziegen, Hasen und Geflügel befanden. Erst Anfang des 19. Jahrhunderts unter dem Garkoch Konrad Miezam wurde der Schwerpunkt auf eine Bratwurstküche verlegt. Der aus Großgründlach bei Nürnberg stammende Miezam heiratete in die Garküche ein und dürfte auch die Bratwurstrezepturen aus dem Fränki-

Historische Wurstküche an der ehem. Salzlände

schen mitgebracht haben. Von der nachfolgenden Familie Schricker wird die Wurstküche bis in die heutige Zeit betrieben. Unmittelbar neben dem kleinen Gebäude der Wurstküche stand einst der sogenannte Kräncher, eine zum Ent- und Beladen der Schiffe bestimmte Krananlage. Der ältere Kräncher ist als Kranenhäuschen mit hölzernem Galgen in der Weltchronik von Hartmann Schedel von 1493 abgebildet. An seiner Stelle steht heute der Regensburger Salzstadel. Die Gestalt des jüngeren Kränchers ist uns in einer Donauansicht von H. G. Bahre aus dem Jahre 1626 überliefert. Als massiver, gemauerter Rundturm mit Aufzugserker stand er nur wenig unterhalb der heutigen Historischen Wurstküche. Mit dem Fall der Donaubefestigung im 19. Jahrjundert verschwand auch der Regensburger Kräncher.

Kräncher, Federzeichnung von H. G. Bahre (Ausschnitt)

Das Brücktor und die ehemalige Margaretenkapelle

Zwischen den beiden mächtigen Stadelbauten blieb als einziger der Brückentürme das Brücktor erhalten. Mehrfach als sogenannter „Innerer Turm" erwähnt, geht er zumindest auf die Zeit um 1300 zurück. Aufgrund einer Zerstörung mußte er im Aufgehenden 1555 wiedererrichtet werden. Zu den Reichstagen von 1594 und 1630 sind Renovierungen des Brückturmes überliefert. Auch nach den größeren Beschädigungen des Dreißigjährigen Krieges mußte er 1648 wiederhergestellt werden.
Der mehrgeschossige Turm schließt mit einem gedrückten Pyramidendach und aufsitzender Laterne, in der sich die Glocke zu der 1648 eingebauten, vom Uhrmacher Abraham Habrecht gefertigten Uhr mit Schlagwerk befindet. Nach Norden, Osten und Süden sind die großen Zifferblätter der Uhr schon von weitem erkennbar. Einstmals dominierte sie durch ihre auffallenden Vergoldungen, die 1652 der Maler Christoph Fuchs erstmals vornahm. Das nordseitige Zifferblatt trat an die Stelle eines großen gemalten Reichsadlers, der 1575 anläßlich des Einzugs von Kaiser Maximilian II. erneuert wurde. Heute befindet sich in dieser Nordfassade über der spitzbogigen Durchfahrtsöffnung die 1835 einge-

setzte Figurengruppe mit den Kopien der Kaiserstatuen Friedrichs II. (vom Schwarzen Turm), Philipps von Schwaben und seiner Gemahlin Irene von Griechenland, sowie einer apotropäischen Maske (vom Mittelturm).
An den Turm schloß sich westlich, also im Bereich der heutigen breiten Durchfahrt unter dem Schwibbogen die 1357 erstmals urkundlich erwähnte Margaretenkapelle an, deren Geistlicher abwechselnd vom Dompropst und Brückenbaumeister eingesetzt wurde. 1429 mußte die Margaretenkapelle zu Verteidigungszwecken abgebrochen werden und anschließend wiederaufgebaut werden. 1555 wurde sie zum Schuldgefängnis umgebaut, woher der Name „Schuldturm" rührt. 1829 wurde die Margaretenkapelle schließlich endgültig beseitigt und durch ein Brükkenzollhaus ersetzt. 1901 ließ man schließlich alle Bauten zwischen dem Brückturm und dem westlich angrenzenden Amberger Salzstadel zur Verbreiterung der Brückstraße beseitigen. Der neu gewonnene Zwischenraum wurde durch einen breiten stichbogigen Schwibbogen überspannt. Die Gestaltung dieser architektonischen Lösung geht auf den Regensburger Stadtbaurat Adolf Schmetzer zurück, dem es ein Anliegen war, den Brückturm zu erhalten und den anwachsenden Verkehr um diesen umzuleiten.

Der ehemalige Schwarze Turm

Auf dem Stadtamhofer Widerlager der Brücke stand der Schwarze Turm, benannt nach den im Laufe der Jahrhunderte schwarz gewordenen Bossenquadern. Im 18. Jahrhundert war auch die Bezeichnung „Katharinenturm" gebräuchlich, womit auf das angrenzende Katharinenspital Bezug genommen wurde. Die durch Darstellungen überlieferte Gestalt des Schwarzen Turmes mit seinen für die Stauferzeit typischen Buckelquadern spricht für dessen Entstehung in der 2. Hälfte des 12. Jahrhunderts, im Anschluß an den Brückenbau. Im Erdgeschoß von einer spitzbogigen Durchfahrt geöffnet, war er in den beiden folgenden Geschossen von kleinen Scharten durchfenstert. Knapp unterhalb des abschließenden Zinnenkranzes hing an der Südfassade, also der Stadt zugewandt, die große Kaiserstatue, die sich heute als Abguß an der Nordseite des Brücktores befindet. Dargestellt ist stehend auf einer Maskenkonsole der Kaiser bzw. König im langen Gewand mit übergeworfenem, offenem Mantel. Er hält auf seiner behandschuhten Linken einen Greifvogel. Auf dem bärtigen Haupt trägt er die zu Ende des 13. Jahrhunderts übliche Königskrone, bestehend aus Reif und drei Dreiblättern. Lange hat man sich um die Bedeutung des sitzenden Greifvogels gestritten und dessen anatomische Ungenauigkeit kritisiert. Fest steht aber, daß es sich um einen abgerichteten Greifvogel handelt, der wie der Handschuh eindeutig erweist, für die Beizjagd abgerichtet war. Das Standbild zeigt damit eine Königsfigur in der Gestalt eines

Schwarzer Turm und „Schöne Pforte", nach G. C. Wilder, 1809 (Museum der Stadt Regensburg)

der ritterlichen Beizjagd kundigen Edelmannes. Die bisweilen vorgenommene Interpretation der Figur als heiligen Oswald, der häufig mit einem Raben dargestellt wird, läßt sich heute nicht mehr aufrechterhalten, da Raben nicht nur für die Beizjagd ungeeignet sind, sondern deren Opfer waren. Auch in Zusammenhang mit dem ehemals auf der Nordseite des Turmes aufgemalten Reichsadler kann es sich bei dem Standbild nur um eine Kaiserstatue handeln. Es dürfte sich um ein Rechtsdenkmal handeln, in dem sich die Rechte des Kaisers an der Brücke, aber auch die kaiserlichen Privilegien für Brücke und Reichsstadt spiegelten. Daß die Freiheitsrechte der Stadt engstens mit der Brücke verbunden waren, zeigt auch die Tatsache, daß das Amt des Brückenmeisters, das von vornehmen Patrizierfamilien ausgeübt wurde, von Anfang an zu den ersten Einrichtungen der städtischen Selbstverwaltung in Regensburg zählte.

Die Frage, welche Kaiserpersönlichkeit mit dem stilistisch gegen Ende des 13. Jahrhunderts entstandenen Standbild gemeint sein könnte, muß wohl am ehesten mit Kaiser Friedrich II. beantwortet werden. Zwar war zur Zeit der Entstehung der Plastik schon Rudolf von Habsburg der über das Reich herrschende König, doch zeigt die Grabplatte Rudolfs im Dom zu Speyer eine gänzlich andere Herrscherpersönlichkeit. Für Rudolf von Habsburg sind darüber hinaus keine besonderen Beziehungen zu Regensburg oder zur Steinernen Brücke nachgewiesen. Ganz anders ist dies mit seinem Vorgänger Friedrich II. Der Hohenstaufer Friedrich verlieh der Stadt Regensburg im sogenannten Fridericianum von 1245 umfangreiche Freiheitsrechte, die zu den von Philipp von Schwaben 1230 gewährten Privilegien (Philippinum) hinzutraten. Deshalb war die Kaiserstatue auch der Sitzfigur des Königs Philipp gegenübergestellt, die sich an der Nordfassade des benachbarten Mittelturms befand. Für eine Interpretation der Kaiserfigur in Richtung auf Kaiser Friedrich II. spricht nicht zuletzt auch das Attribut des Beizvogels wie überhaupt die Darstellung als ein der Beizjagd kundiger Edelmann. War doch Friedrich II. der prominenteste Falkenjäger des Mittelalters und wurde er doch in seinem Buch „De arte venandi cum avibus" als König sitzend mit Dreiblattkrone und Falke dargestellt. Die Entstehungszeit der Figur zu Ende des 13. Jahrhunderts, also nach dem Tode Friedrichs II., stellt insofern keinen Widerspruch zu dieser Interpretation dar, als die Regierungszeit Rudolfs von Habsburg durch eine allgemeine Stauferrenaissance geprägt war.

Daß die Bildaufgabe einer personifizierten Darstellung der reichsstädtischen Freiheitsrechte durchaus etwas Besonderes war und Aufgaben der sakralen Plastik gleichwertig erachtet wurde, zeigt die Tatsache, daß man den Auftrag für das Kaiserstandbild an einen Meister vergab, der dem bedeutendsten, um 1283 tätigen Künstler, dem Schöpfer des Erminoldgrabes von Prüfening, stilistisch nahestand.

Kaiser Friedrich II., Königsfigur vom Schwarzen Turm, jetzt am Brücktor

Der ehemalige Mittelturm

Der um 1200 entstandene und 1784 aufgrund eines verheerenden Eisstoßes abgebrochene Mittelturm erhob sich mit vier Geschossen und einem Pyramidendach über dem zwölften Brückenpfeiler. Bis 1612 war er ohne Dach und statt dessen mit einem Zinnenkranz beschlossen. An seiner Nordfront traten dem in die Stadt ziehenden Besucher vier Skulpturen entgegen. Zwei kleine Sitzskulpturen aus dem frühen 13. Jahrhundert stellten das Königspaar Philipp von Schwaben und Irene von Griechenland dar. Die dritte dazwischen gesetzte Skulptur war eine apotropäische Maske. Sie sollte böse Geister von der Brücke und der Stadt fernhalten.

Über der Maske, also schon knapp unterhalb der Traufe, war ein geflügelter Löwe angebracht, eine römische Spolie, mit der möglicherweise bewußt Bezüge zum antiken Rom und zur Stadtgeschichte aufgenommen werden sollten. 1588 wurden diese Figuren durch Heinrich Dalmassinger, der auf der Südseite des Turmes auch eine Sonnenuhr aufmalte, mit Ölfarbe übermalt. Alle Figuren versetzte man 1784 bei Abbruch des Turmes neben die sogenannte Schöne Pforte beim Schwarzen Turm. 1810 wurden die Figuren

Königin Irene von Griechenland

König Philipp von Schwaben

beim Abbruch des Schwarzen Turmes wiederum abgenommen und schließlich 1835 in Form einer Kopie in die Nordfassade des Brücktores eingesetzt. Der geflügelte Löwe vom Mittelturm gelangte ins Museum, ebenso die Originale der anderen Figuren.
Die Figur des Königs Philipp (1100 1200) ist aufgrund einer Inschrift mühelos bestimmbar:
„PHILIP. RX. Roma"
(Philipp, römischer König).
Der sitzende König trägt einen Kronreif auf dem Haupte und ein Reliquienkästchen in der Rechten. Die linke Hand hält den stark angewitterten Reichsapfel. Die westliche Sitzfigur hat sich schlechter erhalten. Erkennbar sind die dreiteilige Krone und ein Füllhorn in der Rechten als Zeichen der königlichen Liberalitas (Freigiebigkeit). Es ist unbestritten, daß diese Statue die Gemahlin des Königs, Irene von Griechenland, darstellt. Beide Statuen zusammen stehen in engster Verbindung zum Schutzbrief des Königs Philipp vom 9. März 1207, in dem er der Stadt Regensburg umfangreiche Rechte an der Brücke verlieh. Man darf davon ausgehen, daß den Statuen des Königspaares später ganz bewußt die Kaiserstatue an der Südfront des Schwarzen Turmes gegenübergestellt wurde, um die kaiserlichen Rechte an der Brücke, vor allem aber die Privilegien der Reichsstadt von 1207 und 1245 in ihrer gegenseitigen Ergänzung darzustellen.
Südwestlich war dem Mittelturm auf der Stadtseite eine hölzerne Wachstube vorgebaut, die 1571 erneuert wurde. Im Fußboden der Wachstube befand sich ein großer Stein, in den wiederum ein kleinerer Stein mit Blei eingekittet war. „Größter und kleinster Stein" wurde das Denkmal allgemein genannt. Als man den Stein 1784 beim Abbruch des Turmes erhob, fand man unter dem kleinen Stein eine Blechkapsel mit Papieren. Die unleserlich gewordenen Papiere dürften eine Baunachricht enthalten haben. Der „größte und kleinste Stein" wurden 1784 in die Brüstung des 12. Bogens eingemauert, gingen aber 1877 bei der Auswechslung der barocken Sandstein-Brüstungsplatten verloren.

Das Brückenmännchen

Das von den Regensburgern liebevoll „Bruckmandl" genannte Denkmal an der westseitigen Brüstung in Höhe des Scheitelpunktes der Steinernen Brücke ist zwar in heutiger Gestalt ein Werk von 1854, geht aber auf mittelalterliche Traditionen zurück. Das am 23. April 1854 enthüllte bildstockförmige Monument besteht aus einer gedrungenen Säule und einem tabernakelförmigen Aufsatz, auf dessen Satteldach das Brückenmännchen reitet. Der nur mit einer Badehose bekleidete Jüngling hält seine rechte Hand schützend vor die Augen. Auf der Ostseite des Tabernakels ist unter einer zum Schwur erhobenen Hand die Inschrift in Versen zu lesen:
„Eilf hundert drisig fünf im jar
Die tonaw war schier trucken gar,
Der hertzog heinrich mit der stat

Siw bruckn alhie begunen hat.
Das werck gebaut uft vesten grund
Eilf jar danach gantz fertig stund.
Gut gleit furbas uft allen wegen
Geb gots genad u. gotes Segen."

Das südwärtige Relief des Aufsatzes enthält das Stadtwappen, das nordwärtige das Löwenwappen der Herzöge von Bayern aus dem Welfenhaus. Die Rückseite des Aufsatzes gen Westen ist frei belassen.

Mit dem Brückenmännchen ist eine signifikante, wenn auch den historischen Fakten widersprechende Legende verbunden: Der Dombaumeister soll mit dem Erbauer der Steinernen Brücke eine Wette eingegangen sein, daß er als erster sein Werk vollenden werde. Da der Brückenbaumeister sich gegen das schnelle Emporwachsen des Dombaues nicht anders zu helfen wußte, habe er sich mit dem Teufel verbündet. Dieser soll aber von dem Brückenbaumeister die ersten drei Seelen, die die neue Brücke betreten würden, als Gegenleistung gefordert haben. Brückenbaumeister und Teufel seien sich handelseinig geworden, was zur früheren Vollendung der Brücke geführt habe. Während der Dombaumeister vor Gram über die verlorene Wette sich von der Kathedrale in die Tiefe gestürzt habe, mußte der Brückenbaumeister überlegen, mit welcher List er nun den Teufel übertölpeln könnte. Schließlich sei ihm der Einfall gekommen, vorweg zwei Hähne und einen Hund über die Brücke zu jagen. Der maßlos ergrimmte Teufel habe aber mit einem der Tiere ein Loch in die Brücke geschlagen, das noch lange als Wahrzeichen zu bewundern gewesen sei. Nach anderer Version wiederum soll er aber versucht haben, die Brücke aus den Fundamenten zu heben, was den heutigen Fahrbahnanstieg im Mittelbereich der Brücke verursacht habe. Das Brückenmännchen aber soll nach der Sage noch heute mit seinem spöttischen Blick auf den Dom an diesen Wettkampf zwischen Dom- und Brückenbaumeister erinnern.

Brückenmännchen n. Hufnagel, 1594

Mit den historischen Ereignissen hat diese Legende allerdings genauso wenig zu tun wie mit dem ursprünglichen Brückenmännchen. Wurde der bestehende Dom erst über 100 Jahre nach der Steinernen Brücke begonnen, so konnte das Männchen an seinem ursprünglichen Standort gar nicht auf den Dom blicken. Die Vorgängerstatue des jetzigen Brükkenmännchens, als Torso heute im Museum der Stadt Regensburg, wurde 1579 angefertigt und befand sich auf der Verdachung eines Ab-

Brückenmännchen von 1579 (Stadtmuseum)

ganges zu einer Schleifmühle am vierten Brückenpfeiler ursprünglicher Zählung. Nach den Angaben der Regensburger Bauamtschronik mußte dieses Brückenmännchen neu angefertigt werden, weil die ursprüngliche Plastik beim Brand der Mühle im gleichen Jahre zerstört wurde. Während sich das erste Brükkenmännchen einer Beurteilung vollständig entzieht, kann die zweite Figur von 1579 nach dem Torso im Museum und einer Federzeichnung von Jakob Hufnagel aus dem Jahre 1594 sehr gut identifiziert werden. Die älteste Abbildung in der aquarellierten Vorzeichnung des Jakob Hufnagel zu seinem Kupferstich von 1594 zeigt das Männchen auf dem Dächlein rittlings sitzend, nach Westen gewandt und mit dem Gesicht aber gen Südwesten gerichtet. Im Gegensatz zur Gestalt des heutigen Brückenmännchens von 1854 führte es die linke und nicht die rechte Hand zur Stirn. Mit der rechten Hand hielt das Brükkenmännchen ein Spruchband mit der Aufschrift „Schiuck wie hais . . .". In einer alten Handschrift des Klosters St. Emmeram ist der vollständige Wortlaut des Spruchbandes überliefert als „Schuk wie hais, zu Regensburg seyn dy heut faist". Da „Schuk" oder „Schuch" das Gefühl von Kälte ausdrückt und der Begriff „heut" als abgemagertes Pferd gedeutet wird, ergibt sich bei wörtlicher Übersetzung: „Ob kalt, ob heiß, zu Regensburg sind selbst die Häuter feist". Die Inschrift bringt zwar klar zum Ausdruck, daß in Regensburg manches anders ist als andernorts, doch steht eine endgültige Deutung dieser Inschrift bis heute aus.

Für die Figur des Brückenmännchens gab es bis zur Deutung durch den Volkskundler Hanftmann im Jahre 1935 eine Reihe von hypothetischen Interpretationen. Die beiden häufigsten Interpretationen wollten dabei das Brückenmännchen als Südweiser oder als eine Darstellung von astrologischer Bedeutung sehen. Hanftmann hat 1935 das Brükkenmännchen als Püsterich erkannt. Püsteriche waren Einrichtungsgegenstände antiker und mittelalterlicher Badestuben in Gestalt eines dicken Männchens, das mit Wasser gefüllt und in die Glut gesetzt Dampf auspustete. Die zur Stirn geführte Hand des Männchens nahm auf antike Vorbilder Bezug, so wie die Tradition der Püsteriche (Aeolopilae) überhaupt auf die Antike zurückgeht. Neben dem antiken Beispiel von Aventicum sind noch die Püsteriche von Sondershausen und im Kunsthistorischen Museum in Wien bekannt. Seither ist die Deutung des Regensburger Brückenmännchens als Püsterich von der Physiognomie und der eindeutigen Haltung der linken Hand her unangreifbar. Der Püsterich, als technisches Wunderwerk und zugleich Bestandteil der „Mirabilia mundi" im Sinne des Mittelalters, erscheint hier also als Attribut am Wunderwerk der Steinernen Brücke.

Obwohl die Bedeutung des Püsterichs im Kontext der Steinernen Brücke nicht vollständig geklärt ist, so kann man doch feststellen, daß er als Symbol der Freiheitsrechte fungiert. Diese Funktion ergibt sich insbesondere aus dem ursprünglichen architektonischen Gesamtzusammenhang.

Nach der ältesten Darstellung des Brückenmännchens saß dieses auf einer Verdachung auf, in deren Giebel das Stadtwappen mit der Datierung 1446 angebracht war. Eine darunter gesetzte Inschrifttafel vermeldete in Übereinstimmung mit der Bauamtschronik: „RENOVIERT/Anno 1579". Die Datierung des Wappens 1446 nimmt bezeichnenderweise auf das Jahr Bezug, in dem die Stadt Regensburg ihren Status als Freistadt gegen den Bischof geltend machte und vom König bestätigt bekam. Im gleichen Jahre erklärte die Stadt, daß der Brückenzoll weder dem Herzog von Bayern noch dem Bischof zustehe, sondern von jeher der Brücke selbst, die ihre eigene Verwaltung und ihren eigenen Brückenmeister habe. Die Brücke sei in den Einkünften ohne des Rates Beisteuer nicht in der Lage, sich selbst baulich instand zu halten. Die auf diese Ereignisse verweisende Jahreszahl und das beigefügte Stadtwappen verbinden sich mit dem Brückenmännchen also zu einem Rechtsdenkmal, das auf den Status der Freistadt Bezug nimmt. Auch die Umstände, daß man sich 1579 nach der Beschädigung des Brückenmännchens eiligst zu dessen Neuanfertigung entschloß, deuten darauf hin, daß es sich um ein für die Stadt wichtiges Rechtsdenkmal handelte.

Nicht vollständig geklärt ist der Zusammenhang zwischen dem Bildinhalt des Brückenmännchens und der Freiheitssymbolik. Das Brückenmännchen ist als Püsterich Hinweis auf das Baderhandwerk und damit zum Brückenbad in Beziehung zu setzen. Die Unterhaltung eines eigenen Bades gehörte aber von jeher zu den besonderen Freiheitsrechten der Brücke. In ihr manifestierte sich in besonderem Maße die Unabhängigkeit und Selbstverwaltung der Brücke. Daneben verkörperte der Püsterich eine anschauliche Antikentradition, um die man auch im Mittelalter wußte. Vielleicht sollte er ähnlich der römischen Spolie des geflügelten Löwen an der Nordfront des

1784 abgebrochenen Mittelturms auf die römische Gründung Regensburgs verweisen. Er hätte damit eine ähnliche Aufgabe wie die seit 1588 nachgewiesene Inschrift des Stadtgründers „Marcus Aurelius" am Nordturm der Steinernen Brücke. Schließlich bringt auch die überlieferte Sage von der blauen Hose des Brückenmännchens das Denkmal in einen konkreten Zusammenhang mit der Bestätigung von Freiheitsrechten an der Brücke. Aber auch wenn der Bildgehalt des Brückenmännchens nicht voll geklärt werden kann, bleibt seine Bedeutung als Monument der Freiheitsrechte, insbesondere des Triumphes der Reichsstadt über die Ansprüche des Bischofs im Jahre 1446 unbestreitbar.

Die skulpturale Ausstattung der Brücke

Zu den Rechtsdenkmälern der Brücke zählen die beiden **Wappen** im 13. Brückenjoch ursprünglicher Zählung. An der Westfront des dem ehemaligen Mittelturm folgenden Joches erinnert südlich das dreitürmige Brückenwappen und nördlich das Regensburger Stadtwappen an die Inhaber der rechtlichen Hoheit über die Brücke. Von eben diesem Brückenjoch aus wurden im Mittelalter auch die Wasserstrafen vollzogen, also insbesondere die der Doppelehe überführten „ohne alles Urteil in einen Sack gestoßen und ersäuft". Wucherer wurden hier zur Strafe im Strom untergetaucht. Es ist wohl kein Zufall, daß man als Hinrichtungsstätte das 13. Joch ursprünglicher Zählung wählte, das zudem vor dem Mittelturm, also quasi außerhalb der umwehrten Stadt lag.
Von den weiteren Skulpturen an der Steinernen Brücke können viele in

Stadtwappen am 13. Joch, Westseite

Brückenwappen am 13. Joch, Westseite

Streithähne in der östlichen Brückenbrüstung mit Datum 1580

ihrem ursprünglichen Sinnzusammenhang nicht mehr aufgeschlüsselt werden. Neben der überwiegend apotropäischen Funktion der Darstellungen dürfte auch die Erinnerung an bestimmte Ereignisse der Sinn gewesen sein. Zumindest die Darstellungen im Zusammenhang mit Jahreszahlen dürften Erinnerungsfunktion haben.

Am bekanntesten ist das Relief der **„Streithähne"** in der östlichen Brüstung, dem Brückenmännchen in etwa gegenüber. Die Relieftafel mit der Jahreszahl 1580 zeigt zwei einander gegenübertretende Hähne mit aufgerichteten fleischigen Kämmen. Die Originalplatte befindet sich heute um Museum und wurde an der Brücke durch einen Abguß ersetzt. Ob die beiden Streithähne wirklich die öfters im Streit liegenden Parteien der Reichsstadt Regensburg und des für Stadtamhof zuständigen Herzogtums Bayern darstellen, kann nicht entschieden werden.

Auf der Westseite der Brücke befindet sich in Höhe des 9. Pfeilers ursprünglicher Zählung ein Männerkopf mit Knebelbart sowie ein Löwe in Höhe des 12. Pfeilers.

Der **Männerkopf** am alten 9. Pfeiler zeigt das Gesicht eines jüngeren Mannes mit einem Knebelbart über dem geöffnetem Mund, mit hervorquellenden Augen und abstehenden Ohren. Das Haar ist gescheitelt und auf der Rechten zu einem ösenförmi-

Romanischer Männerkopf am 9. Pfeiler

gen, auf der Linken zu einem geraden Zopf verflochten. Die Reliefdarstellung ist aus einem einzigen Quader geschlagen. Die stark abgewitterte Plastik zeigt noch immer ihre stilistische Verwandtschaft mit ähnlichen Darstellungen aus der zweiten Hälfte des 12. Jahrhunderts, etwa den Kapitellmasken in der Pfalzkapelle von Eger. Der ösenförmig gebundene Zopf verweist auf eine Parallele am Bestienpfeiler der Krypta von Freising und stellt den Regensburger Kopf in einen Zusammenhang mit dem mittelalterlichen Abwehrzauber beim Kampf gegen Dämonen. Der romanische Männerkopf auf der Westseite der Brücke hätte demnach apotropäische Funktion gehabt.

Der **Brückenlöwe** beim 12. Pfeiler war 1826 mit dem Abbruch des Zollhäuschens am ehemaligen Mittelturm in der Brüstung zu Tage gekommen und zählt zum alten romanischen Bestand der Brücke. Nach dem Abbruch des Zollhäuschens setzte man ihn tiefer in das Mauerwerk des Brückenbogens. Bei der Sprengung der Brücke durch das NS-Verteidigungs-Kommando am 23. April 1945 stürzte er in die Donau. Als die Plastik bei Baggerarbeiten wieder auftauchte, verbrachte man sie ins Museum. In die Brücke wurde beim Wiederaufbau des Joches im Jahre 1966 eine Kopie eingesetzt. Der im hohen Relief gearbeitete Löwe ist von links nach rechts schreitend dargestellt. Sein Kopf wendet sich nach rechts, dem Betrachter zu. Der Kopf wirkt durch die flach aufliegenden Zähne gedrückt, das breit aufgerissene Maul erscheint zahnlos. Im Körper zeichnen sich die stark hervortretenden Rippen ab. Besonders charakteristisch ist die heraldisch stilisierte Geste des durch die Hinterbeine am Körper hochgezogenen Schweifes. Die Physiognomie erweist den Brükkenlöwen deutlich als Emblem des Staufergeschlechtes. Das breit geöffnete Maul setzt ihn auch klar vom Wappentier der Welfen ab, das seine charakteristischen scharfen Zähne zu zeigen pflegt. Der Brückenlöwe dürfte also das sichtbare Zeichen für die Anteilnahme des staufischen Kaisers Konrad III. an der Vollendung der Brücke gewesen sein.

Romanischer Brückenlöwe (jetzt im Museum)

Basilisk an der Ostseite des 9. Pfeilers

Auf der Ostseite der Brücke waren neben zwei weiteren Männerköpfen der **Basilisk** und das **Wiesel** in das Quadermauerwerk eingelassen. Beide Skulpturen waren bis 1877 in der Brüstung des 11. Joches bzw. des 10. Pfeilers. Die phantastische, einem Drachen ähnliche Tiergestalt der Basilisken befand sich im Scheitel des 11. Joches und wurde beim Austausch der Brüstungsplatten 1877/78 in den 9. Pfeiler versetzt. Der zugehörige Sockel unter dem Tier trägt die Datierung 1733, das Jahr der Erneuerung. Der Basilisk galt als das giftigste aller Tiere, dessen Zischen alleine schon den Tod bringen konnte. Nur das Wiesel war imstande, das todbringende Tier zu überwinden. Deshalb entsprach dem Basilisken auch eine Wieseldarstellung in der Brüstung des benachbarten 10. Pfeilers alter Zählung. Das noch 1877/78 vesetzte Relief ging allerdings bei der Brückensprengung 1945 verloren. Basilisk und Wiesel zusammen haben nachweisbar apotropäische Funktion, d. h., sie sollten die Dämonen von der Steinernen Brücke und der Stadt abhalten. Dem Feind im Norden war deshalb der gefährliche Basilisk zugewandt, der aber durch das auf den 10. Pfeiler dazwischengesetzte Wiesel von der Stadt abgeschirmt wurde.

Am 7. und 8. Pfeiler befinden sich jeweils **Männerköpfe,** die noch 1835 in der Brüstung des 10. und 11. Joches alter Zählung waren. Sie wurden wohl 1877 beim Austausch der Brüstungsplatten versetzt. Stilistisch sind sie der Spätgotik zuzuordnen. Beide Gesichter zeigen herabwallendes Haupt- und gescheiteltes Barthaar. Auch diese Plastiken sind stark angewittert.

Bis zum 1. Weltkrieg befand sich außerdem noch ein nach Stadtamhof gerichteter liegender Hund auf der östlichen Brüstung des 11. Joches ursprünglicher Zählung. Er ist heute spurlos verschwunden.

Die ehemaligen Mühlen

Schon früh begann man den durch die Brücke verursachten Rückstau des Donauwassers zur Gewinnung von Wasserkraft zu nutzen. So richtete man im Unterwasser auf den Pfeilern und Beschlächten der Brücke Mühlen ein, die dort bis zum katastrophalen Eisgang von 1784 bestanden. Nach dieser Katastrophe wurde nunmehr die inneren Schleifmühle zu Füßen des Amberger Stadels wiederhergestellt und noch für einige Jahre betrieben.

Die ersten Mühlen an der Steinernen Brücke sind für das 14. Jahrhundert nachgewiesen. Schon 1366 sind eine Walkmühle sowie 1368 und 1379 eine Schleif- und Neumühle erwähnt. Nach dem Namen der letztgenannten Mühle zu schließen, muß es aber noch ältere Mühlen gegeben haben. Die Mühlen auf der Steinernen Brücke waren nicht nur für die Stadt von größter wirtschaftlicher Bedeutung, sondern auch ein wesentlicher Garant für die Unterhaltung der Brücke. Denn die Einkünfte aus den Mühlen, die jeweils gegen Erbzins vergeben wurden, standen der Brücke selbst zu.

Darstellung der Mühlen von Unterstrom, 1784, Stich von 1798 im Museum

Die Brückenmühlen befanden sich auf den ersten fünf Pfeilern und Beschlächten der Brücke, wie sich aus den mehrfachen Erwähnungen in der Regensburger Bauamtschronik ergibt. So stand auf dem ersten Pfeiler direkt unterhalb des Brücktores seit 1565 die neue Schleifmühle. Sie wurde 1621 erneuert.

Auf dem Beschlächt des zweiten, also ersten sichtbaren Pfeilers befand sich eine Dreiergruppe aus einer Schleif- und Poliermühle sowie einer Lohmühle. Durch ein seit dem Jahr 1561 in Stein ausgeführtes Portal in der Brückenbrüstung und über eine Truppe am Pfeiler waren diese Mühlen von der Brücke aus zugänglich.

Auf dem dritten Beschlächt der Brücke befand sich die Walkmühle der Tuchmacher. Auf dem vierten Beschlächt, das auch durch das Brückenmännchen besonders ausgezeichnet war, befanden sich im Jahre 1598 schließlich vier Mühlen. Auf der einen Seite die Schleif- und Poliermühle, der 1598 eine weitere Schleifmühle zwischengesetzt wurde, auf der anderen Seite die Schleifmühle eines gewissen „Deipser“.

Das letzte Beschlächt vor dem Hammerbeschlächt trug zwei Mahlmühlen, die Neumühle und die mit vier Wasserrädern arbeitende Ranntingermühle.

1633 ließ der bayerische Kommandant im Dreißigjährigen Krieg die Altmühlen, die Neumühlen und die äußere Schleifmühle im Bereich des vierten und fünften Pfeilers abbrennen. 1655 wurden aber dort wieder eine Schleifmühle, eine Polier- und eine Lohmühle an die Brücke gebaut, die alle bis zum großen Eisstoß 1784 in Betrieb waren. Matthäus Merian zeigt in seinem Stich von 1644 sechs Mühlen im Bereich der vorderen Brückenpfeiler, was allerdings nicht als Beleg dienen kann, da er die Abfolge der Brückenpfeiler nicht einhält.

In engem Zusammenhang mit den Mühlen steht auch der heute noch vorhandene Werkkanal am Südufer des Oberen Wöhrdes, der 1388 mit der Anlage eines Streichwehres, des sogenannten Hammerbeschlächtes, zwischen den beiden Wöhrden entstand. Unter Ausnützung des Gefälles zwischen dem südlichen und dem nördlichen Donauarm betrieb dieser Werkkanal die dort angrenzenden Hammerwerke, einen Eisenhammer und einen Kupferhammer. Dieser Anlage war ein einfacheres Wehr vorangegangen, das schon 1304 bei Niederwasser der Donau angelegt worden war und damals die Aufgabe hatte, ein Abfließen der Wassermassen aus dem südlichen Donauarm in den tieferliegenden nördlichen zu verhindern. Auch das jüngere Beschlächt war bis in die Gegenwart mehreren Ausbesserungen und Veränderungen unterworfen. Ein Stück stromaufwärts wurde das Hammerbeschlächt durch das sogenannte Wehrloch ergänzt, bei dem man den Wasserabfluß aus dem südlichen Donauarm in den nördlichen regeln konnte.

Hammerwerke am Hammerbeschlächt nach Jakob Hufnagel, 1594

Die Bedeutung der Steinernen Brücke

Die Steinerne Brücke in Regensburg ist die älteste erhaltene Brücke in Deutschland, die vollständig aus Stein errichtet wurde und uns in voller Größe überkommen ist. Schon aus diesem Grunde nimmt sie im Reigen der vergleichbaren mitteleuropäischen Brückenbauwerke eine Sonderstellung ein.

Auch in der historischen Entwicklung kommt der Regensburger Brücke eine wichtige Position zu, denn eine Brücke dieses Ausmaßes gab es bis dahin nicht. Eine gewisse Vorbildfunktion kam den kleineren Brücken in Bingen und Würzburg zu. Die sogenannte Drususbrücke bei Bingen zählt zu den ersten nachantiken Steinbrücken überhaupt. Angeblich von dem 1011 verstorbenen Erzbischof Willigis von Mainz erbaut, dürfte sie wohl am ehesten in der Mitte des 11. Jahrhunderts entstanden sein. Wäre die Drususbrücke nicht 1945 vom zweiten bis vierten Bogen gesprengt und anschließend verbreitert wiederaufgebaut worden, so wäre sie zweifellos die älteste erhaltene mittelalterliche Steinbrücke in Deutschland. Zu einem regelrechten Brückenbaufieber kommt es erst im Laufe des 12. Jahrhunderts. Vier Brückenbauten im Herzen Europas markieren die erste Blüte des mittelalterlichen Brückenbaues: Um 1133 die erste Mainbrücke zu Würzburg, 1135 die Steinerne Brücke zu Regensburg und ab 1158 die erste Moldaubrücke, die sogenannte Judithbrücke in Prag. Um 1175/1200 folgte die erste Elbebrücke in Dresden, die 1287 als Steinerne Brücke bezeugt ist. Von all diesen frühen großen Brücken blieb nur die Regensburger Brücke im wesentlichen erhalten. Gegenüber der nur siebenjochigen Brücke in Bingen und der nur zehnjochigen Würzburger Brücke war die Regensburger Brücke eine Pionierleistung insofern, als ihre Pfeiler-Bogen-Konstruktion mit den vorgelagerten Eisbrechern für spätere Bauten überzeugend wurde, so etwa auch für die vierzig Jahre später entstandene Rhone-Brücke von Avignon.

Auch für die Industriegeschichte zählt die Steinerne Brücke mit ihren Mühlen zu den frühen Denkmalen. In geradezu genialer Weise verstanden es die Regensburger, aus der Not eine Tugend zu machen, indem sie den von der Brücke verursachten Wasserrückstau für den Antrieb von Mühlen nutzten. Die Steinerne Brücke wurde so zu einem der frühest nachweisbaren Wasserkraftwerke großen Ausmaßes.

Die Gediegenheit der Ingenieurleistung konnte die Steinerne Brücke bei unzähligen Hochwassern und Eisstößen unter Beweis stellen, denen sie trotz der eigenwilligen Fundamentierung der Pfeiler über 850 Jahre widerstand.

Bau- und kunstgeschichtlich erscheint die Tatsache von besonderer Bedeutung, daß die Steinerne Brücke von einer der frühesten Bauhütten erstellt wurde, die sich profanen Aufgaben widmeten. Die Hüttentradition ist insbesondere an den Skulpturen der Brücke ablesbar, so etwa an dem einst vorhandenen

Nördlicher Brückenkopf mit Spital nach Jakob Alt, um 1830

„größten und kleinsten Stein", einem Denkmal, das sich im Sinne der Bauhüttentradition in vollständiger Hingabe dem Verhältnis von „größtem" und „kleinstem" am Bauwerk widmete.

Darüber hinaus erweist sich die Steinerne Brücke als ein außergewöhnlicher Ort königlicher, ja kaiserlicher Repräsentation. Wie auf der späteren berühmten Brücke in Prag, beruht die gesamte Ikonologie auf den Königs- und Kaiserfiguren. Zeigen sich in Prag Kaiser Karl IV. und König Wenzel IV. als personifizierte Monumente der böhmischen Thronlande und des Hauses Luxemburg, so beziehen sich in Regensburg die Statuen des Königs Philipp von Schwaben und des Kaisers Friedrichs II. auf die Begründung und Sicherung der Stadtfreiheitsrechte. Als in Stein manifestierte Rechtsetzung werden in beiden Fällen die Kaiser und Könige in ihrer Machtvollkommenheit, d. h., als Inhaber der Königsgewalt und Begründer der Rechte dargestellt.

Größte Bedeutung kann die Steinerne Brücke schließlich auch in städtebaulicher Hinsicht beanspruchen. Eindeutig ist sie das repräsentative Tor der Stadt Regensburg, die mit dem sogenannten Donauprospekt ihre Schauseite der Donau und der Steinernen Brücke zuwendet. Nicht umsonst zogen über Jahrhunderte die Kaiser und Könige des Mittelalters über die Steinerne Brücke in die Stadt ein, so etwa 1158 Kaiser Friedrich I., 1276 Rudolf von Habsburg und 1471 Kaiser Friedrich III. 1504 führte Kaiser Maximilian I. anläßlich seines Sieges über die Böhmen den Triumphzug über die Steinerne Brücke. In der Regel eröffneten die Kaiser auch ihre Reichstage mit einem feierlichen Einzug über die Donaubrücke in die Stadt. Die Steinerne Brücke schien zu dieser Zeit die Via Triumphalis Regensburgs gewesen zu sein. Aber auch noch im 19. Jahrhunderts war es üblich, die Festzüge über die Steinerne Brücke zu führen. Bewußt oder unbewußt hatte man über Jahrhunderte die Brücke mit ihren Türmen als das vornehmste Tor der Stadt erkannt und tradiert. Erst Fortschrittsfanatiker des späten 19. Jahrhunderts glaubten mit einem Abbruch der Brücke Regensburg den wirtschaftlichen Aufschwung verschaffen zu können. Sie vergaßen, daß die Brücke wie kein anderes Bauwerk das vorindustrielle und handelspolitische Selbstverständnis der Stadt Regensburg verkörperte. Angesichts des sinnlosen Abbruches der Stadtbefestigungen im 19. Jahrhundert wissen wir, daß den Aufschwung bestenfalls eine schöpferische Initiative nach dem Vorbild des Brückenbaus hätte bringen können, nicht aber die bilderstürmerische Zerstörung des Kulturdenkmals. Noch 1945 erwog man ernsthaft den Abbruch. Heute scheint die Gefahr eines Abbruches der Steinernen Brücke gebannt. Über 850 Jahre ließen die Brücke zum ältesten und bedeutendsten Wahrzeichen der ehemaligen Reichsstadt Regensburg werden.

Technische Daten im Überblick

Gesamtlänge:

336 Meter, seit der seitlichen Verbauung des ersten Brückenbogens 308,70 Meter.

Breite:

Ca. 8 Meter, im Verlauf variierend.

Brückenpfeiler

(gemauerte Blöcke, auf denen die Brückenbögen ruhen und die zum Oberwasser hin mit Eisbrecherköpfen versehen sind): Gesamtanzahl: 15. Breite: 5,80 bis 7,60 Meter. Baumaterial: Aus Werksteinen gemauerte Schale, im Innern mit Heißkalkmörtel vergossene Bruchsteine. Die 1945 gesprengten Pfeiler 2 und 11 wurden zusammen mit den Brückenbögen bis 1967 in Grünsandstein wiedererrichtet. Gründung: Eichenroste, die auf der geebneten Kiessohle des Donaubetts aufliegen.

Brückenbögen:

Gesamtzahl: 16, davon sind 15 sichtbar. Spannweiten: 10,20 bis 16,70 Meter. Baumaterial: Werksteinmauerwerk, innen vergossenes Bruchsteinmauerwerk.

Beschlächte

(inselförmige Vorlagen, die dem Schutz der Pfeiler vor Unterspülungen dienen): Gesamtzahl: 15. Breite: 15 bis 20 Meter, dazwischen Durchlaßöffnungen von nur 4 bis 7,60 Meter Breite (starker Rückstau des Oberwassers). Verbreiterung der Durchlaßöffnungen im Bereich der ersten fünf Brückenbögen 1848 für die Schiffahrt des alten Ludwigskanals. Während der Sanierung 1951/62 Reduzierung der Beschlächte auf 10 Meter Breite. Gründung: Steinmaterial, das von Eichenpfählen eingefaßt und mit Querhölzern versteift ist. Bei der Sanierung 1951/62 Gründung auf Unterwasserbeton, Pflasterung der Oberfläche mit Bruchsteinen, Einfassung mit Rand- und Stichbalken.

Fundamentierung:

Wiederaufnahme der römischen Bautechnik, wie sie auch durch die Römerbrücke in Trier überliefert ist (Errichtung auf der geebneten Kiessohle). Lediglich das System der römischen Fangedämme wurde durch die für den bajuwarischen Raum typische Uferbefestigung aus Pfählen ersetzt (Beschlächte)

Bauliche Besonderheiten:

Anstieg der Brücke zur Mitte hin um 5,5 Meter und von dort Abstieg nach Stadtamhof um 5 Meter. Der Höhenunterschied vom südlichen zum nördlichen Donauufer beträgt somit 0,50 Meter. Die Abweichung der Brückenachse von der Geraden ist durch die Ausrichtung der Fundamente auf die Flußströmung bedingt.

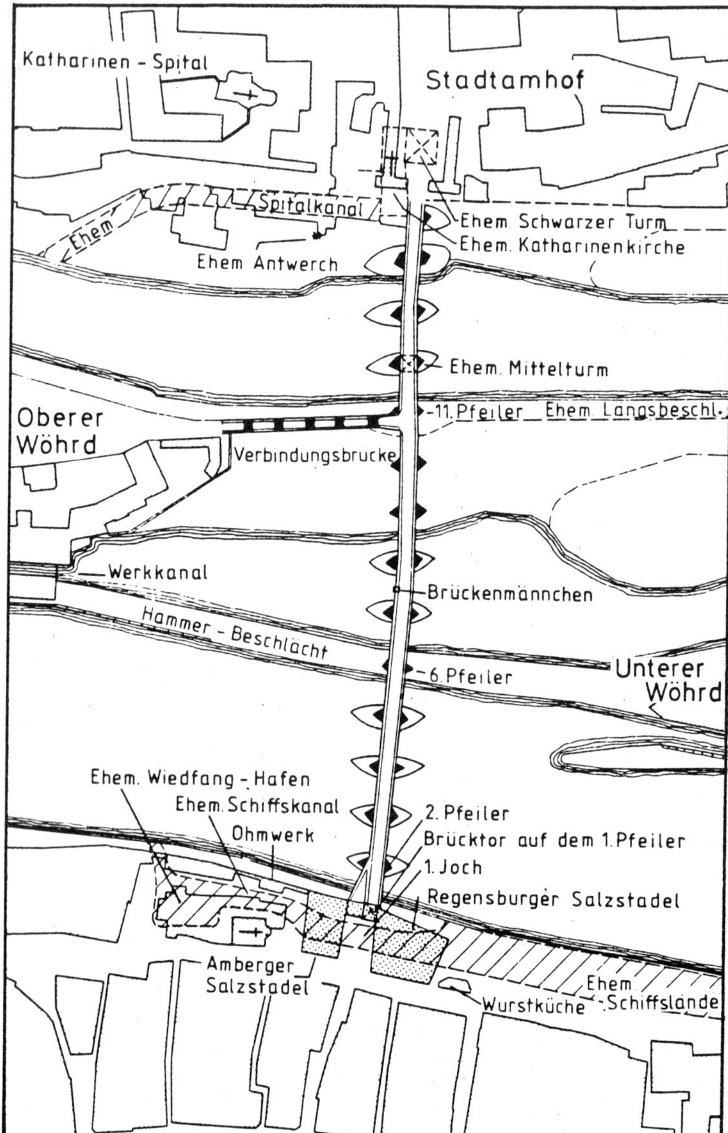
Katharinen - Spital
Stadtamhof
Spitalkanal
Ehem
Ehem. Schwarzer Turm
Ehem. Katharinenkirche
Ehem Antwerch
Ehem. Mittelturm
Oberer Wöhrd
-11. Pfeiler
Ehem. Langsbeschl.
Verbindungsbrücke
Werkkanal
Brückenmännchen
Hammer - Beschlächt
6. Pfeiler
Unterer Wöhrd
Ehem. Wiedfang - Hafen
Ehem. Schiffskanal
Ohmwerk
2. Pfeiler
Brücktor auf dem 1. Pfeiler
1. Joch
Regensburger Salzstadel
Amberger Salzstadel
Ehem. Schiffslände
Wurstküche

Die Geschichte der Steinernen Brücke im Überblick

1135
Baubeginn.

1146
Vollendung unter König Konrad III. Einziger fester Donauübergang des Mittelalters zwischen Ulm und Wien. Die Steinerne Brücke mit ihren drei Türmen wird als achtes Weltwunder bezeichnet.

1158
Kaiser Friedrich Barbarossa zieht über die Steinerne Brücke in Regensburg ein.

1245
Regensburg wird freie Reichsstadt. Der Schwarze Turm auf dem nördlichen Brückenkopf bildet seitdem die Grenze zwischen dem Gebiet der Reichsstadt und Bayern auf der Stadtamhofer Seite.

1276
Einzug Kaiser Rudolfs von Habsburg.

1300
Eigenes Brückensiegel. Älteste überlieferte Darstellung der Steinernen Brücke.

1383
Schwarzer Turm auf der Stadtamhofer Seite (Nordseite) mit Wehranlage ergänzt.

1388
Erweiterung der Wehranlage des Schwarzen Turms im Städtekrieg.

1429
Zusätzlicher Ausbau der Wehranlage im Hussitenkrieg.

1432
Hochwasser beschädigt die Brücke.

1446
Aufstellung des ersten Brückenmännchens.

1471
Einzug Kaiser Friedrichs III. über die Steinerne Brücke zum Reichstag.

1487
Beginn der seitlichen Verbauung des südlichen Brückenkopfes (Amberger Salzstadel).

1491
Hochwasserschaden an der Oberstromseite der Brücke.

1499
Bau einer hölzernen Verbindungsbrücke zum Oberen Wöhrd.

1504
Triumphzug Kaiser Maximilians I. über die Steinerne Brücke.

1551
Errichtung des Amberger Salzstadels seitlich des ersten Brückenjochs am Südufer.

1565
Schwerer Eisgang zerstört fast alle Eisbrecher vor den Brückenpfeilern.

1569
Hans Sachs schreibt ein Gedicht über die Steinerne Brücke.

1579
Neuanfertigung des Brückenmännchens.

1594
Einzug des von Prag kommenden Kaisers Rudolf II. unter einem von sechs Ratsherren getragenen Baldachin über die Steinerne Brücke.

1616
Abbruch einer am südlichen Brückenkopf befindlichen, mittelalterlichen Garküche, die als Vorläuferin der Historischen Wurstkuchl gilt und den beim Brückenbau beschäftigten Maurern als Kantine gedient haben soll. Abbruch des bedeutenden Brückenbades.

1610/20
Weitere seitliche Verbauung des ersten Brückenjochs am Südufer durch den Regensburger Salzstadel.

1633
Sprengung des vierten (sichtbaren dritten) Brückenjochs vor den anrükkenden Schweden im Dreißigjährigen Krieg (Die Lücke wird später durch eine hölzerne Zugbrücke geschlossen). Brückturm und mittlerer Turm brennen während der Belagerung im Dreißigjährigen Krieg aus.

1644
Matthäus Merian veröffentlicht in seiner berühmten Topographia Bavariae den bekannten Kupferstich „Schöner Prospect der Steinernen Brücken zu Regenspurg".

1648
Wiederherstellung des Brückturms und des mittleren Turms nach dem Westfälischen Frieden.

1651
Bau der sogenannten „Garküche am Krängcherthor", aus der sich zu Beginn des 19. Jahrhunderts die Historische Wurstkuchl entwickelte.

1659
In der in Frankfurt am Main erschienenen Beschreibung „Ratis-Bona Nov-Antiqua" wird die Steinerne Brücke „unter die Wunderwerck deß gantzen Teutschlands gezehlet".

1687
Verbreiterung der Beschlächte.

1694
Abbruch der gotischen Kapelle auf dem siebten Brückenpfeiler.

1732
Verbreiterung der Fahrbahn auf der Brücke durch den Austausch der dicken Seitenbrüstungen gegen dünnere Sandsteinplatten. Pflaste-

rung der Fahrbahn mit Hirschlinger Pflaster.

1784
Hochwasser und Eisstoß zerstören die Mühlen auf den Beschlächten und den mittleren Turm, der daraufhin abgebrochen wird.

1786
Johann Wolfgang von Goethe trifft auf seiner ersten italienischen Reise über die Steinerne Brücke kommend in der Reichsstadt Regensburg ein.

1790/91
Ersatz der hölzernen Zugbrücke von 1633 über dem vierten (sichtbaren dritten) Joch durch einen gemauerten Brückenbogen.

1809
Beschädigung des Schwarzen Turms (Stadtamhofer Seite) bei der Erstürmung der von den Österreichern besetzten Stadt durch französische und bayerische Truppen unter Napoleon.

1810
Aufhebung der Grenze zwischen Regensburg und Bayern. Daraufhin bezeichnenderweise Abbruch des nicht übermäßig schwer beschädigten Schwarzen Turms, um auf diese Weise einen „freien“ Zugang von Bayern nach Regensburg zu schaffen.

1811
Einheirat des Garkochs Wolfgang Schricker in die „Garküche am Krächerthor“.

1820
Nachweisliche Übernahme der „Garküche am Krächerthor“ als „Historische Wurstkuchl“ durch die Familie Schricker-Meier.

1824/25
Errichtung des Stadtamhofer Brükken-Basars und seitliche Umbauung des 16. Brückenbogens auf der Stadtamhofer Seite.

1826
Der verwitterte Torso des Brückenmännchens von 1579 kommt ins Museum.

1835
Anbringung der Kaiserfiguren an der Nordfassade des Brücktors (Kopien).

1854
Aufstellung einer neuangefertigten Nachbildung des Brückenmännchens.

1877
Austausch der barocken Sandstein-Brüstungen gegen Granitplatten aus Flossenbürg. Die hölzerne Verbindungsbrücke zum Oberen Wöhrd wird durch eine Eisenkonstruktion ersetzt.

1882
Errichtung der Pfandleihe im Regensburger Salzstadel (bis 1988).

1901/03
Umbau des nördlichen Brückturms nach Anlegung einer über die Brücke führenden elektrischen Straßenbahn.

1900/13
Abbruch der Steinernen Brücke zugunsten eines Neubaus geplant. Pro-

jekt scheitert am entschiedenen Widerstand breiter Bevölkerungskreise.

1945
Übereilte Sprengung des zweiten und elften Brückenpfeilers am 23. April durch das NS-Verteidigungskommando vor den anrückenden US-Truppen. Im Winter 1945/46 werden die Lücken mit einer behelfsmäßigen Holzkonstruktion geschlossen.

1950
Auswechseln der Granit-Brüstung gegen damals zeitgemäße Betonplatten.

1951/62
Sanierung der bei der Sprengung beschädigten Beschlächte.

1967
Abschluß der Sanierung der gesprengten Joche. Seitdem Brücke erstmals wieder im Vorkriegszustand. (Übergabe am 25. November 1967.)

1985
Regensburg feiert das 850jährige Brückenjubiläum.

1989/92
Sanierung des Regensburger und Amberger Salzstadels.

1992
Steinerne Brücke in das Regensburger Bürgerfest (Motto: „Stadt und Donau") miteinbezogen. Seitdem an Wochenenden für den allgemeinen motorisierten Fahrverkehr gesperrt.

Die Steinerne Brücke im Spiegel der Literatur

Der prueck gleicht kaine in Deutschland.
Hans Sachs (1569)
Ein Lobspruch und Contrafactur Regenspurg, des heiligen römischen reichs freystat. Hrsg. v. A. V. Keller u. E. Goetze, Bd. 23, Tübingen 1895.

Sein zwo Brücken, eine hölzerne und eine steinerne, welche letzt unter den drey fürnembsten in naw und den Rhein keine zu finden ist.
Martin Zeiller (1628)
Teutsches Reyßbuch durch Hoch- und Nider-Teutschland, Straßburg, 1632.

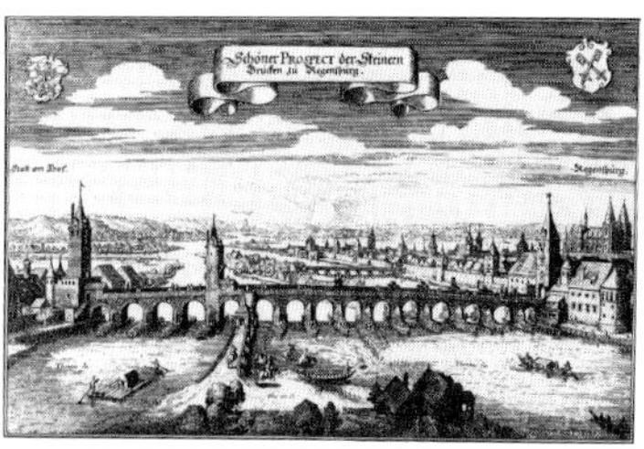

Und man vermeint, daß wer solches Werk nicht weiß, oder dessen Ursach geben könne, derselbe sey zu Regenspurg nicht gewesen.
Matthäus Merian (1644)
Topographia Bavariae, Frankfurt a. M. 1644.

Die alte Geographie zählte die Brücke, worüber man von der Stadt in den Erdkreis des Churfürsten von Bayern geht, unter die Wunderwerke Deutschlands. Sie ist stark, und völlig in lombardischen Styl. Allein die Geographie konnte sie, ungeachtet der Wunderstärke, welche sie ihr beylegt, doch nicht vor sehr beschwerlichen Ausbesserungen beschützen, die ihr der Eisstoß jedes Jahr zuziehet, und welche die Schatzkammern der Stadt Regenspurg sehr scheniren.
Wilhelm Ludwig Wekhrlin (1778)
Reise durch Ober-Deutschland. Salzburg, Leipzig 1778.

Sie gehört zu den wichtigsten Denkmalen des mittleren Zeitalters, und ist einzig in ihrer Art; denn ich glaube nicht, daß noch eine so ansehnliche Brücke aus einer so alten Zeit existiert.
Friedrich Nicolai (1783)
Beschreibung einer Reise durch Deutschland und die Schweiz, Bd. 2, Berlin u. Stettin, 1783.

Die dritte und schönste Promenade der Regensburger ist die über die große Donaubrücke.
Ernst Moritz Arndt (1798)
Reisen durch einen Theil Teutschlands, Ungarns, Italiens und Frankreichs in den Jahren 1798 und 1799, 1. T., 2. Aufl., Leipzig 1804.

Außer Wien hat keine Stadt an der deutschen Donau so herrliche Umgebungen und so schöne Spaziergänge wie Regensburg. Einen der schönsten unter den letzteren, den bequemsten, und den einzigen seiner Art an der so viele hundert Stunden lang durch Europa hinfließenden Donau gewährt die Steinerne Brücke. Baiern allein gebührt bisher noch die Ehre, Traian's römischer Idee fähig gewesen zu sein, eine Brücke aus Quadern über die Donau zu bauen, ein Meisterwerk zu bauen, das durch beinahe sieben Jahrhunderte allen Stürmen der Zeit und allem Toben der Wellen des großen Stromes in Europa glücklich widerstanden ist.
Joseph August von Schultes (1819)
Donaufahrten, Bd. 1, Wien 1819.

Die Brücke Dresdens ist ungleich schöner und zierlicher wie die Frankfurter auch sein würde ohne die Mühl-Gebäude, die Prager altertümlicher, aber es gehörte doch mehr Genie und Anstrengung dazu, der Donau einen solchen Zaum anzulegen, als der schläfrigen Elbe, oder gar Main und Moldau.

Karl Julius Weber (1827)
Deutschland oder Briefe eines in Deutschland reisenden Deutschen, Bd. 2, Stuttgart 1827.

Die alte, steinerne Brücke führt über die Donau, nicht schnell und hitzig wie die neuen Eisenstege, nicht in kühnen Bogen und gewagten Kurven, sie geht schwer und bedächtig hinüber, auf den steinernen Pfeilerschuhen, aber hinüber geht sie und kommt gerade so gut an wie die hurtigen Springer von heute. Vom Ufer tut sie den ersten Schritt, dann brummen die Wellen um ihre Steinfließenfüße, und dann ist sie drüben, in Stadtamhof, einem kleinen Städtchen, das wie eine Warze an dem großen Gesicht der größeren Stadt hängt.

Georg Britting (1927)
Regensburg, in: Gesamtausgabe in Einzelbänden, München 1957 – 1967, Bd. 8.

Ein erster großer Zeuge des Aufschwungs der Stadt war die weitberühmte Steinerne Brücke, zu deren Bau ein außergewöhnlich trockener Sommer den Anlaß gab. Mit gelassenem Kraftgefühl steigt sie, von sechzehn Bogen getragen, bis zur Mitte empor und wieder hinab an das gegenüberliegende Ufer, von der Vorstadt Stadtamhof, damals An der Stätte genannt, empfangen.
Ricarda Huch (1927)
Im Alten Reich. Lebensbilder Deutscher Städte, Leipzig, Zürich 1927.

Aber nun führen, wie in anderen ähnlich an Strömen gelegenen Städten, die schachtartigen Straßen in kurzem Gefälle zum Brücktor und wenn man den weitschauenden Baukomplex durchschritten hat, gibt die episch langsame Steigung der alten Steinernen Brücke den Blick frei, um so kontrastvoller, je mehr er vorher durch die verdichtete Geschichte gebunden war.
Konrad Weiß (1928)
Wanderer in den Zeiten, Süddeutsche Reisebilder. Hrsg. v. Friedhelm Kemp, München. Kösl 1958, S. 151; 183.

Eigenständiger, ortsgeistverkörpernder ist von allen lieben Regensburger Gaststätten keine als die winzige Wurstküche, die neben der Donaubrücke an ein Stück mittelalterliche Stadtmauer gebaut ist. Hier muß man zur Frühstücks- oder Vesperstunde auf hölzernen Bänken im Freien sitzen, dunkles Bier trinken, frischgebratene Würste essen, den Blick auf die Brücke gerichtet, die im Mittelalter das achte Weltwunder genannt wurde.
Werner Bergengruen (1934)
Deutsche Reise, Berlin 1934.

Vor dem Auge des Betrachters spannt sich über die Donau die alte Brücke, die Herzog Heinrich der Stolze vor genau achthundert Jahren zu bauen begann. Über diese Brücke zog Friedrich Barbarossa 1189, um von Regensburg zum Kreuzzug nach Palästina aufzubrechen. Über diese Brücke zogen die schwerbeladenen Wagen der reichen Regensburger Handelsherren. Über diese Brücke zogen jahrhundertelang die großen geistlichen und weltlichen Herren, die zum Reichstag nach Regensburg kamen. Sie sah Heere und Prozessionen, Fürsten und Bettler, Reichtum und Armut, Gelehrte und Gaukler, die Pracht des alten Reiches und die siegreichen Soldaten Napoleons. Das Auf und Ab der Jahrhunderte ist über sie hinweggezogen, während der zeitlose Strom unter ihr dahinfloß. Zwischen Süden und Norden spannt sie ihren edlen Bogen, das Land diesseits und jenseits miteinander zu verbinden. Die Bauwerke des Menschen prägen das Gesicht der Landschaft. Aber die Menschen vergehen und nur ihre Werke überdauern die Zeiten.

Peter Bamm (1935)
Der i-Punkt. Der kleinen Weltlaterne zweiter Schein, Stuttgart-Berlin 1937.

Die Steinerne Brücke, dieses großartige mittelalterliche Bauwerk, über das durch viele Jahrhunderte die Planwagen, in neuester Zeit die Lastkraftwagen ununterbrochen mit ihren Gütern rollten, wurde von Wahnsinnigen noch an beiden Enden gesprengt. Da sie inzwischen durch hölzernen Notbehelf wieder fahrbar gemacht wurde, gleitet der Wagen mit dem Strom des Verkehrs auf das Tor des Südufers zu, über dem die Statue Heinrichs des Finklers in kaiserlicher Unnahbarkeit auf das Getriebe kleinerer Geschlechter herabblickt.

Franz Josef Schöningh (1946)
Regensburg oder: Kurzer Abschnitt der Geschichte, in: Süddeutsche Zeitung, Jg. 2, Nr. 46 (9. August 1946).

Beginnend mit Herbord, dem ersten Brückenmeister, wachten die Besten der Stadt über dem Bauwerk Heinrichs des Stolzen, die Zöllner nahmen die schwarzen Passierpfennige ein, am Abend schloß man die Tore und das mächtige Fallgitter, und auf den Türmen übten Tag und Nacht die Hochwächter ihr Amt. Die Kaiser, die über die Brücke schritten, sind versunken in der Nacht der Ewigkeit wie die Bettler, ihre Prunkgewänder sind zu Staub zerfallen wie die Lumpengewänder der anderen, und neue Menschen sind da, kommen in die Stadt und gehen aus der Stadt. Allen gilt der in Stein gemeißelte Spruch
GUT GLEIT FÜRBAS UFF ALLEN WEGEN GEB GOTS GENAD U. GOTES SEGEN.

Sigfrid Färber (1949)
Brücke über den Zeitenstrom, München 1949.

Auch in den 60er und 70er Jahren des verflossenen Jahrhunderts glaubten Fortschrittsfanatiker unter der Regensburger Bürgerschaft in Verbindung mit dem Abbruch der alten Stadtmauer auch der Brücke den Todesstoß versetzen zu sollen, in der Hoffnung, damit Handel und Verkehr Regensburgs vom mittelalterlichen Joch zu befreien. Wir wissen heute, daß die Beseitigung der alten Stadtwallung keinen Nutzen gebracht hat. Schließlich wurde in den Jahren vor dem Ersten Weltkrieg ein umfassendes Neubauprojekt zum Allerweltsschema der Brückenbauten jener Zeit ausgearbeitet. Ein gütiges Geschick hat uns vor der Verwirklichung bewahrt. Auch nach der brutalen Zerstörung des Jahres 1945 gab es Stimmen, welche der völligen Beseitigung der Brücke das Wort redeten, und solche, welche durch Verbreiterung der Fußbahn einen Zwitter aus dem romanischen Bauwerk machen wollten. Es ist der Einsicht des Stadtrates, aber auch dem übereinstimmenden Echo der deutschen Öffentlichkeit zu danken, daß man sich schließlich zur Wiederherstellung in der überlieferten Form bekannte.

Walter Boll (1967)
Eine Großtat romanischer Baukunst. Die Steinerne Brücke ist wiedererstanden, in: Regensburger Almanach 1968, Regensburg 1967.

Literaturhinweise

Baualterspläne zur Stadtsanierung Regensburg, Band VIII: Oberer und Unterer Wöhrd, St. Katharinenspital, Steinerne Brücke, bearb. v. Helmut-Eberhard Paulus, hrsg. v. Bayer. Landesamt für Denkmalpflege, München 1987.

Boeßner, H. J. Th.: Die steinerne Donau-Brücke zu Regensburg, Sulzbach 1830.

Boll, Walter: Eine Großtat romanischer Baukunst. Die Steinerne Brücke ist wiedererstanden: Regensburger Almanach 1968, p. 37–44.

Die Brücke. Der Steinernen Brücke zum 850. Geburtstag: *Mittelbayerische Zeitung,* Sonderbeilage zur Erinnerung an den Baubeginn der Steinernen Brücke, Regensburg 1985.

Dallmeier, Lutz-Michael: Archäologische Untersuchungen im Regensburger Salzstadel, in: Verhandlungen des Historischen Vereins für Oberpfalz und Regensburg 128 (1988), p. 229–241.

Hanftmann, B.: Vom Regensburger Brückenmandl: Verhandlungen des Historischen Vereins für Oberpfalz und Regensburg 85 (1935), p. 294–298.

Jucker, Ines: Der Feueranbläser von Aventicum: Zeitschrift für Schweizerische Archäologie und Kunstgeschichte 21 (1961), p. 49–56.

Die Kunstdenkmäler von Bayern, Stadt Regensburg (KDB), Band III, bearb. v. Felix Mader, München 1933, p. 236–242.

Paulus, Helmut-Eberhard: Die Steinerne Brücke in Regensburg: Jahrbuch der Bayerischen Denkmalpflege, Band 40 für das Jahr 1986, München 1989, p. 143–168.

Paulus, Helmut-Eberhard: Der Stein am Herzen: Jahrbuch der Bayerischen Denkmalpflege, Band 38 für das Jahr 1984, München 1987, p. 51–60.

Resch, Georg Alois: Die Steinerne Brücke zu Regensburg, Regensburg 1835.

Schmetzer, Adolf: Der Wiedfang bei der Steinernen Brücke zu Regensburg: Verhandlungen des Historischen Vereins für Oberpfalz und Regensburg 75 (1925), p. 75–88.

Steinerne Brücke. 850 Jahre Bauwunder des Mittelalters: *Die Woche,* Sonderbeilage zum Brückenjubiläum, Regensburg 1985.

Treiber, Adolfine: 750 Jahre St. Katharinen-Spital Regensburg, hrsg. vom St. Katharinenspital Regensburg, Regensburg 1976.

Widmann, Werner A.: Regensburger Brücken- und Bratwurstbüchlein, hrsg. v. Schricker – Historische Wurstküche KG, Regensburg 1985.

Im Buchhandel erhältliche Titel, in denen die Steinerne Brücke erwähnt ist:

Karl Bauer, Regensburg, 4. Aufl., Regensburg 1988.

Emmi Böck, Regensburger Wahrzeichen, 2. Aufl., Regensburg 1992 (mit Abschnitt „Die Wahrzeichen der Steinernen Brücke").

Hauschka/Spitta, Stadtführer Regensburg, 2. Aufl., Regensburg 1992.

Bildnachweis:

Bayerisches Landesamt für Denkmalpflege:
16, 23, 35, 36, 39, 42, 43, 44, 64

Museen der Stadt Regensburg:
8/9, 12/13, 24, 26, 32, 34, 38, 46, 47, 49, 55, 56, 57, 60

MZ-Archiv:
54, 58, 59, 66

Stadt Regensburg, Presse- und Informationsstelle:
28, 29, 30, 31

Städtische Lichtbildstelle:
22

Fotos von Horst Hanske:
11, 17, 19, 20, 27, 29, 41, 50, 51, 52, 53, 57, 59, 63

Fotos von Uwe Moosburger:
59

Fotos von Dieter Nübler:
57, 61, 62, 63, 65

Fotos von Wilkin Spitta:
7, 51

Michael Dirrigl
Konrad von Megenberg
Domherr in Regensburg
104 Seiten, kartoniert, DM 12,50
ISBN 3-927529-30-3
Der Regensburger Domherr Konrad von Megenberg (1309 bis 1374) gilt als Verfasser der ersten Naturgeschichte in deutscher Sprache.

Helmut-Eberhard Paulus (Hg.)
Denkmalpflege in Regensburg
Beiträge zur Denkmalpflege in Regensburg mit Jahresberichten der Denkmalschutzbehörde der Stadt Regensburg (1991/1992)
ca. 130 Seiten, zahlreiche Abbildungen, kartoniert, DM 24,–
ISBN 3-927529-42-7
Fachbeiträge zahlreicher Autoren und viele Berichte und Darstellungen einzelner Objekte. Aus dem Inhalt: Zur Schutzwürdigkeit der Bauten der 50er Jahre in Regensburg (Renate Staudinger) – Das Regensburger Gloria-Kino (Christine Kippes) – Denkmalpflege Regensburger Bürgerhäuser (Harald Gieß) – Ein mittelalterlicher Hausturm am Emmeramsplatz (Karl Schnieringer) – Archäologische Untersuchungen beim Evangelischen Krankenhaus (Paul Donaubauer) – Denkmalschutz und Umweltschutz (Helmut-Eberhard Paulus).
Erscheinungstermin: März 1993

Josef Dollhofer
Das Walhalla-Bockerl
Geschichte der Walhalla-Bahn
104 Seiten, mit zahlreichen historischen Abbildungen und einem Modellbauplan, Pappband, DM 14,80
Ein liebens- und lesenswertes Buch über die Geschichte der alten Lokalbahn von Regensburg-Stadtamhof nach Donaustauf und Wörth a. d. Donau. Jetzt schon in der 3. Auflage.

Sigfrid Färber

Ratisbonensia

Regensburger Miniaturen.
Mit Fotos von Wilkin Spitta.

164 Seiten, zahlreiche Abbildungen, Pappband, DM 12,–
ISBN 3-921114-89-6

Viele kleine Geschichten, Episoden und Merkwürdigkeiten aus der großen Geschichte der Stadt Regensburg.

Josef Fendl

Burgen und Ritter rund um Regensburg

Die hohe Zeit der festen Häuser und ihrer Herren im Regensburger Umland.
Mit Zeichnungen von Alois Schaller.

80 Seiten, zahlreiche Abbildungen, Pappband, DM 9,80
ISBN 3-921114-36-5

Eine spannend zu lesende Kulturgeschichte der mittelalterlichen Burg anhand interessanter Beispiele aus dem Raum Regensburg. Alles über den Burgbau, das Leben auf der Burg und ihre Bewohner.

Karl Heinz Göller/Herbert W. Wurster

Das Regensburger Dollingerlied

100 Seiten, zahlreiche farbige Abbildungen, kartoniert, DM 14,80

Extra-Auflage mit einem Supplement des gesamten Textes in englischer Sprache, DM 19,80

ISBN 3-921114-07-1

Deutschlands älteste Stadtsage.
Ihre Entwicklung in Geschichte und Literatur.

Ulrich Hommes (Hg.)

Marc Aurel – zu dir selbst

Aus den Selbstbetrachtungen mit einer Lektion in Lebenskunst. Zeichnungen von Peter Wenz.

156 Seiten, Pappband, DM 20,–
ISBN 3-921114-18-7

Der große Stoiker Marc Aurel (161–180 n. Chr.), Philosoph auf dem Kaiserthron, gilt als der Gründer des römischen Regensburgs. 2. Auflage.

Der Regensburger Philosoph Ulrich Hommes legt eine auf die aktuellen Bedürfnisse heutiger Leser zugeschnittene Auswahl in neuer Übersetzung vor. Die Gelassenheit, die Marc Aurel ausstrahlt, ist auch das Geheimnis dieser „Lektion in Lebenskunst". Die Dinge sein lassen, lernt man, bedeutet mehr als Verzicht aus Resignation. Der Kaiser führt jene Balance von Ich und Welt, Sein und Haben beispielhaft vor, die unser aus dem Gleichgewicht geratenes Dasein so bitter nötig hat.
SÜDDEUTSCHE ZEITUNG

NEU

Ulrich Hommes

Der Glanz des Schönen

160 Seiten, Leineneinband, farbiger Schutzumschlag, DM 28,–

Essays zum Thema Schönheit aus der Feder des bekannten Philosophen und Rundfunkautors Ulrich Hommes – Schönheit als Lebenshilfe.

Es sei eben Heuchelei, sagt der Regensburger Philosoph Ulrich Hommes, „daß Intellektuelle hierzulande das Phänomen der Schönheit tabuisieren. Schönheit entzieht sich der Ratio – das beunruhigt. Nachdem die bürgerliche Ästhetik der Aufklärung den Begriff von seinem erotischen Inhalt gereinigt hatte, müßte nun" – so Schöngeist Hommes – „eine neue Aufmerksamkeit für das Schöne geweckt werden: Im Schein des Schönen strahlt und leuchtet die Wirklichkeit selber."
DER SPIEGEL

Karl Möseneder (Hg.)

Feste in Regensburg

Von der Reformation bis in die Gegenwart.

736 Seiten, über 200 Abbildungen, Pappband mit Schutzumschlag, DM 80,–
ISBN 3-921114-09-8

Eine umfassende Dokumentation und Geschichte der Festlichkeiten von der Kaiserkrönung bis zum Bürgerfest. Ein großartiges Kompendium über einen höchst interessanten Aspekt der europäischen Kulturgeschichte.

Gustl Motyka (Hg.)

Sagen und Legenden aus dem Land um Regensburg

186 Seiten, kartoniert, DM 12,–
ISBN 3-921114-93-4

Sagen und Legenden aus dem Regensburger Raum von A bis Z: Von Adlersberg bis Zaitzkofen. Ein praktisches Taschenbuch.

NEU

Albert von Schirnding

Posthorn-Serenade

Erzählungen

72 Seiten, Leinen, Schutzumschlag, DM 24,–
ISBN 3-927529-05-2

Die hier erstmals in Buchform vorliegende Sammlung von Erinnerungen und Reflexionen widmet der bekannte Autor Albert von Schirnding seiner in Regensburg verbrachten Kindheit und Jugend. Hineingeboren in das liebenswürdig anachronistische Reich des Thurn- und Taxis-Fürsten Albert Maria Lamoral beschreibt Schirnding die merkwürdige Gleichzeitigkeit von Vergangenem und Gegenwärtigem. Die „Märchenbühne des vom Dornröschenschlaf der zweiten Jahrhunderthälfte ereilten Regensburg“ tut sich auf.

Paul Winterer

Die Regensburger Domspatzen

Mit einem Vorwort von
Domkapellmeister Georg Ratzinger.

116 Seiten, zahlreiche zum Teil farbige Abbildungen,
Pappband, DM 18,–
ISBN 3-921114-72-1

Das erste Buch über den ältesten deutschen Knabenchor – die weltberühmten Regensburger Domspatzen.
Repräsentatives Großformat.

Walther Zeitler

Regensburger Schiffahrt

280 Seiten, zahlreiche historische Abbildungen und Fotos,
farbiger Pappband, DM 40,–
ISBN 3-921114-33-0

Spannend wird hier aus der Regensburger Perspektive die Geschichte der Donauschiffahrt erzählt. Von der Römerzeit bis zum Rhein-Main-Donau-Kanal.
Im repräsentativen Großformat.

Walther Zeitler

Die Regensburger Straßenbahn

128 Seiten, zahlreiche historische Abbildungen und Planskizzen von Peter Lachner, Pappband, DM 14,80

Höchst amüsant und sachkundig erzählt der Autor die Geschichte der liebenswerten alten Regensburger „Trambahn“, die im Jahr 1964 zu Ende ging.

2. Auflage.

REGENSBURGER ALMANACH

Regensburg und seine Region in Geschichte und Gegenwart. Ein bunter Spiegel der Menschen und Ereignisse in Kultur und Gesellschaft, Wissenschaft und Wirtschaft, Industrie und Handwerk, Sport und Freizeit. Von Jahr zu Jahr neu. 1992 feierte der Regensburger Almanach sein 25jähriges Bestehen.

NEU

Ernst Emmerig und Konrad M. Färber (Hg.)

Regensburger Almanach 1993

Band 26

280 Seiten, 41 Beiträge, zahlreiche zum Teil farbige Abbildungen, Paperback, DM 39,80

ISSN 0942-6914
ISBN 3-927529-21-4

Aus dem Inhalt: Frauenleben und Fraueninitiativen in Regensburg – Barbara Popp, eine Regensburger Malerin der Romantik – Das künstlerische Werk der Fürstin Margarete von Thurn und Taxis – Elisabeth Feuchtinger und die Regensburger Musikszene – Regensburgerinnen im Widerstand gegen das NS-Regime – Hanna Dachs, Politikerin und Vorkämpferin für die Universität – 20 Jahre Gebietsreform im Raum Regensburg – Stadt im Aufbruch: Die Veränderung Regensburgs in den 60er Jahren – Regensburg macht Mode – Das Regensburger Bürgerfest 1992 – Die Regensburger Millionäre des Mittelalters.

Ernst Emmerig und Konrad M. Färber (Hg.)

Regensburger Almanach 1994

Band 27

ca. 280 Seiten, 40 Beiträge, zahlreiche Abbildungen, Paperback, DM 39,80
ISSN 0942-6914
ISBN 3-927529-22-2

Aus dem Inhalt: Jugend in Regensburg: Soziale Aktivitäten von Regensburger Jugendgruppen, Jeunesse Musicale, Kindheit unter wechselnden Fahnen, Jugendgruppen und Jugendorganisationen, Sportlicher Nachwuchs, Ein Jugendlicher zieht ins Regensburg von heute – Umwelt- und Naturschutz im Eigenheim – Grüne Tonne, Gelber Sack: Das neue Abfallsystem im Raum Regensburg – Regensburg für Feinschmecker – Hamstern nach dem 2. Weltkrieg – Regensburger Schülertheater – Ballett in Regensburg – Regensburger Ateliergemeinschaften – An der Universität Regensburg: Suche nach dem Ursprung des Lebens – 1000 Jahre Wolfgangsjubiläum – Modernes Bauen in Regensburg – Die Geschichte der Regensburger Stadtmaus – Die Kaiserbüsten im Saal des Goldenen Kreuz – Zum 100jährigen Bestehen von Aschenbrennermarter.

Erscheinungstermin: November 1993

REGENSBURGER TASCHENBÜCHER

Eine neue Reihe aus dem Buchverlag der Mittelbayerischen Zeitung.
Die historischen Sehenswürdigkeiten und Besonderheiten des 2000jährigen Regensburg im praktischen Taschenbuchformat.
Ausführlicher und umfassender als die üblichen Reise- und Stadtführer informieren die Regensburger Taschenbücher nach ausgewählten Schwerpunktthemen.
Auf wissenschaftlicher Grundlage von Fachautoren geschrieben, dabei aber leicht verständlich und populär in der Darstellung.

Band 1

Rathausführer

Altes Rathaus und Reichstagsmuseum

Mit Beiträgen von Martin Angerer, Konrad M. Färber und Helmut Eberhard Paulus. Fotos von Wilkin Spitta.

68 Seiten, mit zahlreichen zum Teil farbigen Abbildungen, Paperback, DM 12,–
ISBN 3-927529-60-5

„Das originalste gotische Rathaus in Deutschland" nannte der berühmte Historiker Karl Bosl das Alte Rathaus in Regensburg. Das im Lauf von Jahrhunderten zusammengewachsene Bauwerk gilt heute als einer der bedeutendsten historischen Profanbauten im deutschsprachigen Raum. Hier war der Versammlungsort des Alten Reichstags, der als erstes gesamtdeutsches Parlament von 1663 bis 1806 in Regensburg tagte.

So leicht der 68 Seiten umfassende, reich bebilderte informative Teil des Führers auch ist, so gewichtig ist der wissenschaftliche Anspruch, den die Autoren sich stellten. Sie verarbeiten in ihren Texten die neuesten wissenschaftlichen Forschungsergebnisse, die vorwiegend in den letzten drei Jahren zusammengetragen wurden.
DIE WOCHE

NEU

Die Grafen von Dörnberg und ihre Stiftung

Mit Beiträgen von Karl E. Kick, Hermann Reidel und Wolfgang Schmidt.

200 Seiten, 61 schwarzweiße Abbildungen und ein Farbporträt, farbiger Schutzumschlag, Pappband, DM 38,–
ISBN 3-927529-50-8

Das Buch erzählt die Geschichte des Freiherrn Ernst von Dörnberg (1836–1897), seiner Familie und der von ihm gestifteten „Gräflich Dörnberg'schen Waisenfondsstiftung". Dazu eine Zusammenstellung aller Patronatsherren und Administratoren in Bild und Text. Außerdem werden die Bauwerke der Grafen von Dörnberg in Regensburg vorgestellt.

Studien und Quellen zur Kunstgeschichte Regensburgs

Herausgegeben von den Museen der Stadt Regensburg

Heidrun Stein

Die romanischen Wandmalereien in der Klosterkirche Prüfening

232 Seiten, Abbildungen, Pappband mit farbigem Schutzumschlag, DM 38,–
ISBN 3-921114-15-2

Die erste Monographie über die Wandmalerei in der Klosterkirche der traditionsreichen Benediktinerabtei.

Jolanda Drexler

Die Chorfenster der Regensburger Minoritenkirche

214 Seiten, zahlreiche zum Teil farbige Abbildungen, Pappband mit farbigem Schutzumschlag, DM 38,–
ISBN 3-921114-16-0

Die Chorfenster der Regensburger Minoritenkirche gehören zu den bedeutendsten Werken der mittelalterlichen Glasmalerei.

Ernst Hauschka/Wilkin Spitta

Stadtführer Regensburg
Die 21 schönsten Standorte

152 Seiten, zahlreiche Farbabbildungen, Paperback, DM 19,–
ISBN 3-927529-77-X

Der Autor – ein hervorragender Kenner Regensburgs – führt auf seine eigene Weise über 21 verschiedene Standorte durch die Stadt.
Jetzt in 3. erweiterter und stark verbesserter Auflage.

NEU

Wilkin Spitta/Peter Morsbach

Die Oberpfalz

Städte und Residenzen
Burgen und Schlösser
Kirchen und Klöster

Ein Wegweiser zur Kunst- und Kulturgeschichte einer Region

80 Seiten, 75 Farbabbildungen, Paperback, DM 19,–
ISBN 3-927529-86-9

Der vorliegende Bildband im praktischen Taschenformat ist ein populärer Wegweiser zu den kultur- und kunstgeschichtlichen Schönheiten der oberpfälzischen Heimat. Er informiert über alle bedeutenden Sehenswürdigkeiten dieser Region und ist dabei amüsant zu lesen. Der interessierte Reisende kann sich damit sein persönliches Besichtigungsprogramm zusammenstellen. Dem einheimischen Leser hilft er, seine Heimat noch besser kennenzulernen.